教育部哲学社会科学研究普及读物项目

Popularized Readers of Humanities and Social Science Sponsored by the Ministry of Education

走向社会主义市场经济

Towards the Market Economy of Socialism

逄锦聚　何自力·著

江苏人民出版社
江苏凤凰美术出版社

图书在版编目(CIP)数据

走向社会主义市场经济/逄锦聚,何自力著. --南京 : 江苏人民出版社,2015.7
(教育部哲学社会科学研究普及读物)
ISBN 978-7-214-16106-2

Ⅰ.①走… Ⅱ.①逄… ②何… Ⅲ.①中国经济—社会主义市场经济—通俗读物 Ⅳ.①F123.9-49

中国版本图书馆CIP数据核字(2015)第158699号

书　　名	走向社会主义市场经济
著　　者	逄锦聚　何自力
责任编辑	卞清波
出版发行	凤凰出版传媒股份有限公司 江苏人民出版社 江苏凤凰美术出版社
出版社地址	南京市湖南路1号A楼,邮编:210009
出版社网址	http://www.jspph.com http://jsrmcbs.tmall.com
经　　销	凤凰出版传媒股份有限公司
照　　排	江苏凤凰制版有限公司
印　　刷	江苏凤凰扬州鑫华印刷有限公司
开　　本	890毫米×1 240毫米　1/32
印　　张	6　插页1
字　　数	105千字
版　　次	2015年8月第1版　2015年8月第1次印刷
标准书号	ISBN 978-7-214-16106-2
定　　价	25.00元

总　序

纵观党的历史，我党始终高度重视实践基础上的理论创新，坚持用理论创新成果武装全党，教育人民，引领前进方向，凝聚奋斗力量。七十多年前，著名的马克思主义哲学家艾思奇撰写的通俗著作《大众哲学》，引领一代又一代有志之士选择了正确的人生道路，影响了中国几代读者。

党的十八大以来，习近平总书记把握时代发展新要求，顺应人民群众新期待，提出了一系列新思想、新观点、新论断、新要求，这些推进理论创新的最新成果用朴实、生动的语言，以讲故事、举事例、摆事实的方式与人民同频共振、凝聚共识，增强了人民群众对中国特色社会主义理论体系的认同感和知晓度，凸显了当代中国马克思主义大众化、群众性的基本特征，成为新时期理论创新大众化的新典范。

高等学校学科齐全、人才密集、研究实力雄厚，是推进马克思主义中国化时代化大众化、普及传播党的理论创新成果的重要阵地。汇聚高校智慧，发挥高校优势，大力开展优秀成果普及推广，切实增强哲学社会科学话语权，是高校繁荣发展哲学社会科学的光荣任务、重大使命。

2012 年，教育部启动实施了哲学社会科学研究普及读物项目。通过组织动员高校一流学者开展哲学社会科学优秀成果普及转化，撰写一批观点正确、品质高端、通俗易懂的科学理论和人文社科知识普及读物，积极推进马克思主义大众化，阐释宣传党的路线方针政策，推广普及哲学社会科学最新理论创新成果，让中国特色社会主义理论体系和党的路线方针政策，更好地为广大群众掌握和实践，转化为推进改革开放和现代化建设的强大精神力量。与一般意义的学术研究和科普类读物相比，教育部设立的普及读物更侧重对党最新理论的宣传阐释，更强调学术创新成果的转化普及，更凸显“大师写小书”的理念，努力产出一批弘扬中国道路、中国精神、中国力量的精品力作。

实现中华民族伟大复兴的中国梦必将伴随着哲学社会科学的繁荣兴盛。我们将以高度的使命感和责任感，坚持学术追求与社会责任相统一，坚持正确方向，紧跟时代步伐，顺应实践要求，不断加快高校哲学社会科学创新体系建设，为不断增强中国特色社会主义道路自信、理论自信、制度自信，推动社会主义文化大发展大繁荣作出更大贡献！

教育部社会科学司

2014 年 4 月 10 日

前　言

2013年，受教育部哲学社会科学基金的资助，我和我的学术团队开始撰写一本经济学类的普及读物，定名为《走向社会主义市场经济》。之所以选择这个题目，是因为，社会主义市场经济对于我们国家的强盛、民族的复兴、人民生活的改善，分不开、离不了，实在是太重要了。

我曾经撰写过论文、专著，也曾经编写过教科书，但那些著述理论性较强，通俗性不足，所以大都不适合于普及。

我曾经不止一次地说过前人说过的话：经济学是经世济民之学。自觉心里也明白，既然要经世济民，那就应该使经济学理论知识能够为群众所掌握。但看花容易绣花难，说是好说，真正要做到就不容易了。

从强调学术性到强调普及性，对于一个学者而言，不仅要实现话语风格的转变，而且从更深处说，还要实现根本立足点和出发点的转变，即实现理论研究究竟是只为理论而理论，还是要为广大人民群众所掌握的转变。

我自认为是熟悉人民群众的，而且总认为自己是人民群众的一员。我30岁以前生活在社会最基层，做过工人，做过农民，承包过土地，直接从事过农村大包干，对于农民工人群众的喜怒哀乐是再熟悉不过了，直到现在我还是觉得，自己骨子里仍然有着工人农民的底蕴。但是，实际上，30 岁以后，从读研究生到做教授，近 40 年的时间，虽然还时不时到工厂农村进行调查研究，可我基本的生活方式、工作方式和大部分时间，已经与普通工人农民不同了。人的社会存在决定人的意识。知识分子虽然也是工人阶级的一部分，但要真正写出为人民大众读得懂、用得上、喜闻乐见的理论普及读物，并不是一件轻而易举的事情。这实际上是一门需要学习的专门学问，老师不是别人，就是人民大众。

几年前，我有机会参加了哲学家艾思奇 100 周年诞辰的全国性纪念活动，比较全面地再次了解了艾思奇教授的生平事迹，特别为他对马克思主义哲学大众化做出的贡献和取得的成就所感动、所折服。哲学和经济学学科不同，但道理是相通的，哲学可以大众化，经济学也一定可以大众化，甚至更应该更可能大众化。

受学术前辈的启迪，也出于农民后代和知识分子的责任，我努力想写好对于我来说是第一本的经济学普及读物，但愿望是一回事，实际做到与否是另一回事。我努力想用平实的语言说清楚社会主义市场经济的一些基本知识，用人民群众身边的事情讲述经济学的基本原理，但自己也很清楚，有的地方讲得还可以，有的地方则不伦不类，过于专业性的语言、晦涩难懂的概念并存，这并非有意为之，而是水平不及。这使我明白，不要以为写普及读物比写专业性学术著作更容易，实际上写一部既具有一定学术水平又具有较强普及性的读物，不一定比写一部学术著作容易多少。

这本读物不超过 10 万字，分十章，从最基本的什么是社会主义市场经济、为什么要把社会主义市场经济作为经济体制改革的方向讲起，到如何通过全面深化改革，进一步处理好政府与市场的关系，坚持和完善基本经济制度，加快完善现代市场体系建设，加快宏观调控体系建设，加快开放型经济体系建设，完善社会主义市场经济体制，最后落脚到实现国民经济健康发展，给人民带来更多更大的福祉，涉及到社会主义市场经济和经济体制的重要内容基本都谈到了。这样安排的目的是希望通过这样一本不长的小册子，给读者一个关于社会主义市场经济的比较完整的印象。当然，这样的目的是否达到，只有读者才有评判的权力。

该书是我和何自力教授合作的成果，他写了第四、五、七章初稿，其他章为我所写或改写，全书由我统稿、定稿。在写作过程中，荆克迪博士和我的几位在读博士生袁卓群、陈一、王静、孔艳芳帮助整理了资料，收集了插图，撰写了部分初稿，在此向他们表示感谢。在写作过程中参阅了许多学者的学术成果，中国特色社会主义经济建设协同创新中心、南开大学政治经济学研究中心给予了支持，在此也向这些学者们和学术单位表示感谢。

撰写普及性读物，我是第一次，缺点和不足肯定存在，敬请读者批评指正。

逄锦聚

2015 年 4 月 20 日

目录

第一章　到底什么是社会主义市场经济

在当今中国，随着改革的深化，几乎没有什么人、没有什么事，与市场经济是没有关系的了。但究竟什么是市场经济？在我们国家，为什么在市场经济之前还要加上社会主义，叫社会主义市场经济？这是需要首先说清楚的一些问题。

第一节　市场经济就在身边

一、市场经济无时不在

李大爷一觉醒来，孙女就拿来了报纸，打开一看，“蔬菜村开了‘田头市场’”几个大字摆在眼前，写的是，河北农民种菜大户鲍群雁 1998 年开始种植大棚蔬菜，过去没有田头市场时，西红柿摘好后用三轮车拉着，凌晨出发到十几公里外的蔬菜批发市场卖。“现在，市场建到了村里田头，只要花上几分钟到市场转转就能了解价格和收购标准，回去一摘回来一卖，不耽误农活，还节省了运输费用……”

媒体链接

蔬菜村开了“田头市场”

菜农正将刚采摘的西红柿装筐 闫丽静摄

编者按：帮助农业生产经营主体实现“运得出、存得住、卖得掉、赚得到”，提高农产品流通效率，田头市场起到重要作用。作为农民家门口的市场，它一边连着成千上万的农户，一边连着经销商，目前田头市场发展得怎样？还存在哪些亟待解决的问题？农民和经销商对田头市场还有哪些期待？本报记者来到河北省的田头市场进行探访。

——2015 年 3 月 29 日《人民日报》

孙大妈匆匆吃过早饭，赶去一家证券公司的营业网点。退休之后，除了星期六、星期天和节假日，她几乎风雨无阻，已经形成习惯。她关心的是股市行情是红还是绿。今年不错，虽然赚得不多，但与她的退休金相比，还是一笔不小的数字。

张二牛是一位在城里打工的农民工，新春之际他只盼工

资来年能够涨一些，物价能够稳一些，毕竟孩子读书、老人看病等家庭开支，都指望着他的工资开销。

王建和齐心是两位即将毕业生的大学生，已放寒假了，但他们决定今年不回家过年，他们每天都关注贴满广告栏的招聘信息，希望社会提供的就业岗位能多一些、好一些。

在今天的中国，这些普普通通的人们，已经都生活在市场经济中。如今的社会，市场经济不仅无时不在，而且经常是无奇不有。

二、市场经济无奇不有

那么，市场经济是怎么来的呢？是天上掉下来的，还是地下冒出来的？都不是，它是随着经济社会的发展而不断发展起来的。

人活在世上，不分男女还是老少，无论官大还是官小，有两件事总是都要做的，那就是吃饭、穿衣。

在很早很早的时候，人们像牛郎织女那样，夫妻双双，恩恩爱爱，一个织布、一个种田，吃的饭穿的衣自己全解决了，这叫自给自足，也叫自然经济。

事情并不老是如此简单，牛郎织女勤劳有加，种的粮食、织的布吃不尽穿不完，而需要吃一点盐巴自己却没有办法生产出来。怎么办？倒是织女聪明。一天，她带上一袋粮食，跑了老远的路，找到一位有盐的人家，双方商量同意后，拿粮食换了盐，双方皆大欢喜。这就是最初的交换，一袋粮食换一包盐。粮食和盐都是自己劳动所得，原本是为自己吃用的，因为有了剩余和需要，所以变成了交换品，而一旦劳动产品不再为了自己吃用而是用作交换，劳动产品就变成了商品。后来，人们给了商品一个名分：商品就是用来交换的劳动产品。

拿粮食换了盐巴当然很好，但难题越来越多，当织女再拿粮食换盐时，有盐的人家不需要粮食了而需要一只羊，而有羊的人家既不需要粮食也不需要盐，而是需要一把斧头。在麻烦问题面前，还是织女想出主意，她带头与大家走在一起，自由找交换的对象，并且为了交换的方便约定俗成，用一种固定的东西做交换的媒介，先是麻布，后是贝壳，再后固定为金银，这样久而久之，就产生了一种固定地充当一般媒介的商品，这就是货币。后来，人们给货币一个说法：货币就是固定地充当一般等价物的商品。

有了商品，有了货币，商品生产和商品交换就与人们生活形影不离。后来，人们就把商品生产商品交换的经济称作商品经济。当商品经济越来越发展，商品经济也就成为市场经济。商品经济与市场经济原本是同一个东西，但人们习惯于把“少年”时期的商品生产商品交换称为商品经济，把“成年”后的商品经济称为市场经济。

天上只是几日，人间已经千年。牛郎织女不知现在生活怎么样了，令人称奇的是，发端于他（她）们豆蔻年华时的市场经济，历经朝朝代代，虽然也带来了一些苦恼和麻烦，但总体上是给人类带来了无尽的财富和繁华。时至今日，市场经济的踪迹，几乎抬头可见、触手可及，成了人们日之所为、夜之所思，就像挥之不去的影子。

令织女万万想不到的是，当年她要为换一包盐而背着粮食跑老远路，如今在网上一个订单，快递就送货到门了；当年用贝壳作为媒介换东西，如今一张银行卡，走遍天下可以买东西；当年只有神仙才能日行万里，如今凡人指尖一动，信息便绕地球飞行。市场经济的能量实在是神奇无比。

第二节　市场经济为什么神奇

一、大白菜的故事

是什么奥秘使市场经济有如此神通？要想知晓，不妨先看一个关于大白菜的故事。

在过去的北方，一到冬天，大白菜就成了抢手货，腌酸菜、炖粉条，用的主菜是大白菜。这一年深秋，市场上的大白菜供不应求，价格一路上升。价格高，虽然买菜者心里不快，但种菜者却喜上心头。到了来年，由于大白菜价高的诱惑，一些原先种粮的农民也转种了大白菜，结果呢，到收获的时候，市场上白菜供给大增，价格一路下跌，种菜者叫苦不迭。

这样起起伏伏多年，有时大亏，有时赚钱，最后大家终于明白了一个道理：大白菜的价格大起大落，弊大利小，倒不如把心思用于改进种植技术，降低种植成本，引进优良品种，这样既稳定了供应量，又稳定地赚了钱。时间一久，白菜市场供求基本稳定，自动形成了一种良性循环。

白菜的故事虽然简单，却包含着市场经济的全部奥秘，在这个故事中自动起着调节作用的是被称作价值规律和市场机制的东西。

二、市场经济的奥秘

市场机制就是存在于市场自身的自动调节市场运行的机制。市场机制有三个基本组成部分：价格机制、供求机制和竞争机制。价格机制是市场机制中最基础的机制，价格水平上升，既刺激增加供给，又会抑制需求；价格水平下降，则既会引起需求增加，也会引起供给减少。市场价格是由价值决定的，变动则受供求的影响，供大于求价格下跌，供小于求价格上升。为了求得生存和发展，商品生产者之间必然展开竞争，努力提高技术，改善管理，提高效率。这样，价格机制、供求机制和竞争机制共同作用，不仅促进了市场供求的平衡，而且推动了整个资源配置效率的提高。

小知识

什么是资源配置？

资源是指社会经济活动中人力、物力和财力的总和，包括自然资源、劳动力和资本等。在任何社会，人的需求是无限的，而用来满足人们需求的资源却是有限的，因此，资源具有稀缺性。

资源配置即在一定的范围内，社会对其所拥有的各种资源在其不同用途之间分配。资源配置合理与否，对一个国家经济发展的成败有着极重要的影响。

市场机制这种作用的发挥，不是人为的而是自动的，市场机制之所以能够自动发挥作用，是因为在它的背后有一只“看不见的手”，这只“看不见的手”被称为价值规律。

价值规律的基本要求是，商品的价值量是由生产商品的社会必要劳动时间决定的，以此为基础，商品实行等价交换。价值规律中的“社会必要劳动时间”又包括两重含义：一重含义是指“在现有的社会正常的生产条件下，在社会平均的劳动熟练程度和劳动强度下，制造某种使用价值所需要的劳动时间”；另一重含义是指社会总劳动量按一定的比例用来生产某种商品所耗费的社会必要劳动时间。由此，资源配置也有两个层次：一个层次是，资源在同一部门内配置；另一个层次是资源在社会各部门配置。不管哪一个层次的资源配置，都是由市场经济的基本规律在决定着。

价值规律是市场经济的基本规律。价值规律有很神奇的作用：第一，它自发地调节生产资料和劳动力在社会各部门之间的分配;第二,刺激生产者的积极性;第三,优胜劣汰。所以价值规律也可称为自动调节社会劳动按比例分配到各个部门的规律,即资源配置的规律。

从这样的意义上说,市场经济就是市场在资源配置中起决定作用的经济。

市场经济有一些本质的要求:

一是市场经济要讲平等。人,不管高矮胖瘦,不管从事什么职业,不管是生产经营者还是消费者,只要是来到了市场,地位就是平等的。在市场里进行商品交换,遵循的就是等价交换的原则。买者和买者之间、卖者和卖者之间,地位也是一律平等的。

二是市场经济要讲竞争。面对市场,商品的生产者和经营者只有不断改进生产技术和经营方式、提高劳动生产率,才能在商品价格频繁波动的过程中保持持续盈利。那些只能提供一些既不物美也不价廉的商品的生产者和经营者,必定会在市场竞争中被淘汰。

三是市场经济要讲法制。在市场里进行交易的买方和卖方,进入市场的目的是正好相反的。作为买方,自然希望买到物美价廉的商品;作为卖方,当然希望商品的成本尽可能低的同时,售卖的价格又尽可能高。围绕着商品质量和价格的较量在市场上随处可见。要让这种较量不"出轨",就要靠健全的法制来协调,买方和卖方都要用法律来规范自身行为,维护自身利益。

四是市场经济要讲开放。之所以要进行商品交易,其目的还是为了实现"互通有无"。有了开放的市场,商品才能自由地流动起来。北方的消费者能买得到南方的柑橘，南方的消费者也吃得上北方的苹果。市场开放了，狭隘的区域封锁也就冲破了，不同的生产者和经营者才能更好地发挥各自的优势，让社会资源的配置更有效率。

市场经济的这些本质要求，对经济发展极其有利，所以市场经济的发展给人类带来的是福音。

但是，事情都有两个面，价值规律的调节往往是事后的调节，所以在调节经济运转和刺激生产者积极性的同时，也会带来一些损失和麻烦，例如随着价格的忽高忽低，生产者生产什么生产多少不断调来调去，忽多忽少，就可能造成资源浪费。另外，自发竞争的结果可能使有钱人越来越有钱，而穷人越来越穷。为弥补价值规律自发调节存在的不足，就需要政府发挥作用，政府的调节作用叫做“看得见的手”。

在讲清楚上述基本道理后，不难发现，今天我们在深化改革发展社会主义市场经济中，强调使市场在资源配置中起决定性作用，本质上是强调尊重价值规律在市场经济中的作用，强调尊重市场机制在资源配置中的作用，这有利于树立关于政府和市场关系的正确观念，有利于转变经济发展方式，有利于资源配置效率的提高，有利于转变政府职能。

第三节　市场经济是人类共同的财富

一、市场经济并非自古就有

市场经济不是从开始有人就有的，而是人类生产能力发展到一定程度才逐步产生的。现在司空见惯的现象，实际上是社会上百年上千年上万年进化的结果。

早在我们的祖先还是原始人的时候，大家一群群地风餐露宿，打猎为生，没有像样的工具，更谈不上什么技术，除了在艰苦的环境中勉强弄到口吃的，饥一顿饱一顿，没有什么剩余的东西可用于交换，没有商品。

随着人类生产能力的增强，生产工具的改进，人类生产的东西除了自己吃、用之外，还有了剩余，同时，社会的人群中，有人种地，有人织布，有人养牛羊——有了分工。这时，织女背着粮食换盐的事情发生了。商品开始出现，商品经济开始萌芽。但在相当长的时间里，这种商品交换并不普遍，整个社会基本上处在自给自足的自然经济中。

从上述人类发展的历史看，商品经济产生的条件至少有两个：一个是生产力发展使产品除自己消费外有了剩余，一个是产品归个人所有而且社会有了分工。

二、市场经济是生产力发展的结果

又过了若干若干年，人们的生产能力有了更大的发展，生产工具有了更大的改进，在一些地方甚至出现了机器生产。例如英国，一个叫珍妮的人发明了织布机，一个叫瓦特的人发明了蒸汽机，这在历史上称作第一次科技革命，当这些机器用在生产中时，也称作第一次产业革命。产业革命使现代大工业代替了工场手工业；工业中的百万富翁，一支一支产业大军的首领——现代资产者，代替了工业的中间等级。

产业革命和航海业的发展推动了世界市场的形成。世界市场使商业、航海业和陆路交通得到了巨大的发展。这种发展又反过来促进了工业的扩展。同时，随着工业、商业、航海业和铁路的扩展，资产阶级也在同一程度上得到发展，增加自己的资本。

资产阶级在它的不到一百年的阶级统治中所创造的生产力，比过去一切世代创造的全部生产力还要多、还要大。自然力的征服，机器的采用，化学在工业和农业中的应用，轮船的行驶，铁路的通行，电报的使用，整个整个大陆的开垦，河川的通航，仿佛用法术从地下呼唤出来的大量人口……过去哪一个世纪能料想到在社会劳动里蕴藏有这样的生产力呢？

科学技术的发展，大大地促进了生产力的提高，促进了市场经济的发展。

从人类历史发展的过程看，市场经济的出现和发展，是生产力发展的结果，是人类社会发展的结果，作为社会文明，它不属于哪一个人、哪一个国家、哪一个民族，而是全人类共同的财富。

第四节　我国发展的是社会主义市场经济

一、长期艰苦的探索

市场经济是全人类的共同财富，但受到生产力发展状况和社会分工程度的影响，在不同历史阶段、不同国家和地区，市场经济发展的程度是不同的。

从历史的长河看，在人类社会经历的资本主义社会之前，市场经济发展得十分缓慢，人类社会进入资本主义社会后，由于上述科技革命、工业革命的发生和世界市场的形成拓展，市场经济有了迅猛的发展。这样的发展在给人类带来巨大财富的同时，也带来了许多严重的问题，如经济危机、失业、环境破坏、贫富差距悬殊等等。这些问题虽然与市场经济本身的自发性有关系，但更重要的原因在于，市场经济的发展与资本主义制度结合在一起。

我国的市场经济在春秋时期开始萌芽。在后来漫长的封建社会中，市场经济有发展比较快的时候，例如北宋时期城市经济繁荣，东京（现河南开封）是当时商业最繁荣的城市，城内市场活跃，店铺林立，热闹非凡，甚至还出现了“通宵不绝”的夜市，北宋著名画家张择端的《清明上河图》就反映出当时东京商业的繁华景象；成都出现了纸币——交子，是世界上最早的纸币。再如，在元朝时我国海外贸易发达，泉州是当时最大的对外贸易港口，经常停泊着数百艘海船，大量货物在此汇集和起运。到明朝时大量农产品和手工业品进入市场，出现一批专业性的工商业城市，郑和七下西洋，与亚非多个国家和地区直接进行贸易，明后期白银成为普遍流通的货币，明中后期在江南甚至出现了资本主义萌芽。但是，从总体说，在封建统治者的限制和自然经济的束缚下，市场经济和资本主义萌芽的发展极为缓慢。到清朝末期和近代，政府实行闭关锁国政策，世界列强大肆侵入，使中国成为半封建半殖民地社会，市场经济内受封建生产关系的束缚，外受列强的打压，更是处于被扼杀的状态。

社会主义经济制度建立之后，原本我们应该大力发展市场经济，但由于受到计划经济模式的影响，加上我们缺乏社会主义经济建设的经验，又有认识上的局限，结果走了弯路，在一段比较长的时间里，虽然也想发展商品生产商品交换，但却把市场经济看做是资本主义的专利，实行的基本是计划经济体制，这种体制排斥市场经济。

错误和挫折教训了我们，使我们聪明了起来。1978 年党的十一届三中全会以后，随着改革开放的展开，我国开始从理论和实践的结合上探索究竟应该实行什么样的经济体制。经过反复探索，从 1992 年开始，我们确认我国社会主义初级阶段的经济是社会主义市场经济，要大力发展社会主义市场经济，建立和完善社会主义市场经济体制。

二、什么是社会主义市场经济

那么，什么是社会主义市场经济？既然市场经济是人类共同的财富，怎么还有社会主义市场经济与资本主义市场经济的区分？这是很多人希望弄清楚的问题。

社会主义市场经济即社会主义制度下的市场经济。认识社会主义市场经济，要把握三个要点：一是，社会主义市场经济强调的是在社会主义制度下发展市场经济，而不是说市场经济本身还有资本主义与社会主义性质的区分；二是，市场决定资源配置是市场经济的内在要求，市场经济本质上就是市场决定资源配置的经济，发展社会主义市场经济，健全社会主义市场经济体制，必须遵循市场经济的内在要求；三是，市场在资源配置中起决定性作用，并不是起全部作用，发展社会主义市场经济，还必须坚持发挥社会主义制度的优越性，发挥政府宏观调控的积极作用。

市场经济是在几种不同社会制度下都存在的资源配置方式和经济体制,它有自身的客观要求,如独立的自主经营、自负盈亏的市场主体,发达的市场和完善的市场体系,充分发挥作用的市场机制,等等,这些规定性是市场经济在不同社会制度下都客观存在的,只要发展市场经济,这些客观要求就会存在着。但是在不同的社会制度条件下,受到社会制度的制约,市场经济的发展又具有不同的特点,表现为市场经济在不同社会条件下的特殊性。

由社会主义初级阶段生产力发展状况和基本经济制度所决定,我国社会主义市场经济具有以下特点:

第一,我国社会主义市场经济建立在公有制为主体、多种所有制经济共同发展的基本经济制度基础上。迄今为止的西方发达市场经济,都是建立在生产资料的私有制基础上。而我国的社会主义市场经济,建立在公有制为主体、多种所有制经济共同发展的基本经济制度基础上。这是一个十分突出的特点。在公有制为主体、多种所有制经济共同发展的所有制基础上发展市场经济,是一个崭新的命题。相对于在私有制基础上发展的市场经济而言,它肯定会产生一些新的特点。例如,由于公有制的存在,可以在相当大程度上排除靠对生产资料的占有而无偿占有他人劳动的可能,从而使市场交换在很大程度上实现真正的平等,并保证社会成员在尽可能大的范围内实行政府的有效调控,从而弥补市场失灵和不足。当然,我国经济毕竟在传统的社会主义理论指导和传统的计划体制下运行了若干年,所以传统的公有制理论和体制又可能在比较长时间里给市场经济的发展造成一定的障碍。所有这些，都是我们在发展社会主义市场经济的过程中必须努力改变的。

第二，我国社会主义市场经济与以按劳分配为主体、多种分配形式并存的分配制度结合在一起，实行共同富裕的社会主义目标。建立在私有制基础上的市场经济的分配关系，通行的是按资分配原则。由于承认财产初始占有不平等，所以按资分配的结果，往往容易导致收入分配的两极分化。而在我国发展社会主义市场经济，在收入分配中无论是初次分配还是再分配都要兼顾效率和公平，在再分配中更加注重公平。对于由于种种原因出现的收入差距扩大的趋势，国家运用各种经济政策手段进行调节。由此可以保证在大力发展市场经济的同时，防止个人收入过分悬殊，逐步实现共同富裕。

第三，我国社会主义市场经济发展的方向服从社会主义发展的大目标。社会主义的根本目的是发展生产力，满足人民日益增长的物质和文化需要。社会主义国家将运用经济社会政策、经济法规、计划指导和必要的行政管理，创造良好的社会环境并对市场经济运行进行调节，使社会主义市场经济的发展服从社会主义发展的大目标，为人民生活的提高服务，为社会主义制度的巩固和发展服务。

基于上述这些特点，在我国发展的市场经济之前加上社会主义是名副其实。“社会主义”四个字，不是可有可无，而是十分必要的，它体现着我国发展市场经济的方向，决定着我国发展市场经济的途径，保证着最大程度地发挥市场经济的优长，避免市场经济自发发展带来的弊端。

深阅读

1. 江泽民:《论社会主义市场经济》,红旗出版社 2006 年版。

2. 刘诗白:《社会主义市场经济理论》,西南财经大学出版社 2004 年版。

第二章　坚持把社会主义市场经济作为经济体制改革的方向

为什么我们要大力发展社会主义市场经济？为什么要把建立和完善社会主义市场经济体制作为经济体制改革的方向呢？

第一节　苦头和甜头

一、我国吃过不搞市场经济的苦头

前一章曾经谈到，在古代漫长的封建社会，我国的市场经济很不发达，到近代，我国饱受外敌的欺辱、侵略和战争之苦，社会沦为半封建半殖民地社会，市场不发达，市场体系不完善，国民经济凋敝，民不聊生。1949 年，主要工农业产品的产量仅相当于历史上最高年产量的一半左右，国家财政收入仅为 65 亿元，城镇居民人均现金收入不过 100 元，全国人口 80％以上是文盲，学龄儿童入学率只有 20％左右，全国各级各类学校在校学生只占全国人口的 5％左右。学校布局也不合理，农村、内地，特别是边远地区和少数民族地区学校很少，教育更加落后。

新中国建立初期，我国集中力量医治战争的创伤，国民经济恢复。1956 年以后，随着社会主义经济制度的建立，我国开展大规模经济建设，建立社会主义物质基础。在这一阶段，我们取得了社会主义建设伟大成就，在探索社会主义建设规律方面积累了经验，但是由于缺乏社会主义建设的实践经验，又受到苏联计划经济体制的影响，所以实行了高度集中的计划经济体制，其后一直到1978年，虽然对这种体制进行了多次调整，但其基本特征没有根本改变。

这种高度集中的计划经济体制，在建立初期特定的条件下，曾经对促进社会生产力的快速发展起了一定的作用，但是随着时间的推移，其忽视商品货币关系、发展动力不足、严重压抑企业和职工的积极性和创造性等弊端逐渐暴露出来，成为阻碍生产力进一步发展的绊脚石。在这种体制下，虽然我们也曾经从实际出发，在一定程度上发挥市场的作用，但从总体上说对市场经济是排斥的，在“文化大革命”那样的特殊时期，市场经济和市场调节甚至被看作是资本主义的东西受到否定。受这样的体制的束缚，再加上其他多种复杂原因，我国在社会主义探索的道路上走了不少弯路，甚至发生过严重失误，使本来应该发挥的社会主义优越性没有充分发挥出来。

据国家统计局公布的数字，1978年我国人均国内生产总值仅有381元，国家财政收入仅1132亿元，外汇储备仅1.67亿美元，人均只有0.17美元，折合成人民币不足1块钱。

大河没水小河干。国家不富，个人家庭也不强。大家都比较熟悉江苏省华西村的故事。华西村原叫华西大队，1961年华西大队初建，人口667人，集体资产2.5万元，欠债1.5万元，人均分配只有53元。华西村只是当时整个中国农村的一个。其他的地方大致也是如此。青岛市黄岛区原胶南县的一个村子，200 户人家，1000 多口人，1978 年人均年纯收入 200 多元钱。有一户人家，一家 4 口，3 个青壮男劳动力，每个工作日的工分两毛钱，一年到头，全家大约从生产队分红不到 200 元，还清各种债务，春节时实际到手里没有什么现金。粮食遇到收成好的年份，可以吃饱，但基本没有剩余，遇到灾荒，吃饱都很勉强。这户人家的大儿子现在已年近七旬，回忆起那个年代的生活，还感慨万分："不知什么原因，粮食拮据，烧的柴火也拮据，到了冬天没有办法，就推上独轮车，到百里开外的青岛市区亲戚家要煤票买煤，但在运往城外的公路上工商部门层层设卡，一旦查获，煤被没收并以投机倒把论处，很像现在的海关缉私一样。"

造成当时困境的原因固然很复杂，但没有发展市场经济无疑是重要原因之一。

二、改革开放以来尝到发展社会主义市场经济的甜头

1978 年，党的十一届三中全会决定将全国工作重心转移到经济建设上来，中国开始了实行改革开放、探索有中国特色的社会主义建设道路的新篇章。改革开放三十多年的时间里，我国大力发展市场经济，建立和完善社会主义市场经济新体制，在经济、文化和社会发展等方面都取得了举世瞩目的成就，国家和人民都享受到了社会主义市场经济体制带来的巨大利益，使我们尝到了发展社会主义市场经济的甜头。

事实和数字

改革开放　成就辉煌

1. 经济大发展，综合国力和国际影响力大大增强

1979—2012 年，我国国内生产总值由 1978 年的 3645 亿元迅速增长到 2012 年的 518942 亿元，年均增长 9.8%，创造了人类经济发展史上的新奇迹。经济总量居世界位次稳步提升，对世界经济增长的贡献不断提高。1978 年，我国经济总量仅位居世界第十位；2008 年超过德国，居世界第三位；2010 年超过日本，居世界第二位，成为仅次于美国的世界第二大经济体。经济总量占世界的份额由 1978 年的 1.8% 提高到 2012 年的 11.5%。

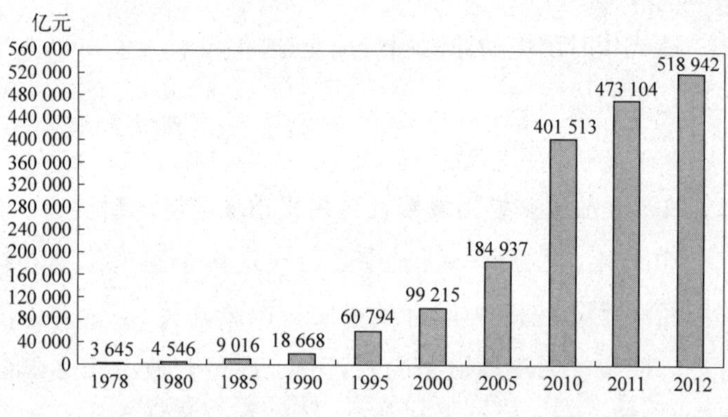

1978—2012 年国内生产总值

人均国内生产总值不断提高，成功实现由低收入国家向上中等收入国家的跨越。1978 年人均国内生产总值仅有 381 元，2012 年人均国内生产总值达到 38420 元，扣

除价格因素，比 1978 年增长 16.2 倍，年均增长 8.7%。根据世界银行数据，我国人均国民总收入由 1978 年的 190 美元上升至 2012 年的 5680 美元，按照世界银行的划分标准，已经由低收入国家跃升至上中等收入国家。

国家财政实力明显增强。1978 年国家财政收入仅 1132 亿元，2012 年，达到 117254 亿元，比 1978 年增长 103 倍，年均增长 14.6%。

外汇储备大幅增长，实现从外汇短缺国到世界第一外汇储备大国的巨大转变。1978 年，我国外汇储备仅 1.67 亿美元，位居世界第三十八位，人均只有 0.17 美元，折合成人民币不足 1 块钱。2012 年达到 33116 亿美元，连续七年稳居世界第一位。

2. 主要商品供给和服务实现了由短缺到丰富充裕的巨大转变

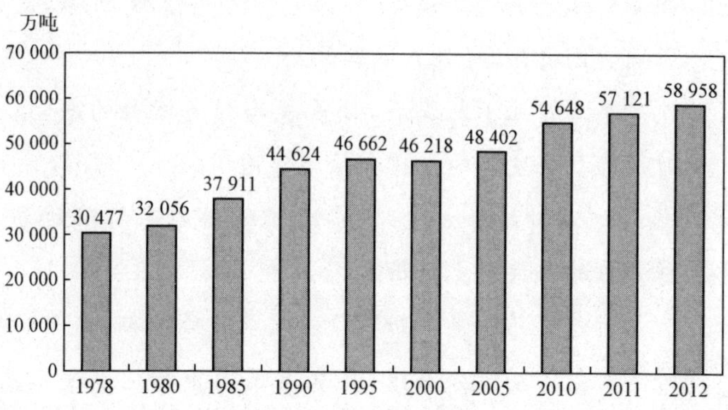

1978—2012 年粮食产量

农产品供给不仅解决了占世界五分之一人口的温

饱问题，还为工业化快速推进提供了重要支撑。2012年，粮食产量达到58958万吨，比1978年增长93.5%；棉花产量684万吨，比1978年增长2.2倍；油料产量3437万吨，增长5.6倍。2011年，谷物、肉类、籽棉、花生、茶叶、水果产量稳居世界第一位。

工业生产能力迅速提高，由一个落后的农业国成长为世界制造业大国。2012年，原煤产量达到36.5亿吨，比1978年增长4.9倍；粗钢7.2亿吨，增长21.8倍；汽车1928万辆，增长128.3倍；家用电冰箱由1978年的2.8万台增加到2012年的8427万台；彩色电视机由0.4万台增加到1.3亿台。移动通信手机和微型电子计算机从无到有，2012年产量分别达到11.8亿台和3.5亿台。我国工业化进程不断推进，由一个落后的农业国成长为世界制造业大国。2013年大陆企业进入《财富》世界500强达89家(含香港)，比2002年增加78家，总数位列美国之后，居世界第二位。

第三产业不断发展，日益成为经济增长的发动机，对经济社会发展的支撑和带动作用增强。

3. 对外经济大飞跃，实现了从封闭半封闭到全方位开放的伟大历史转折

对外贸易总量不断攀升。改革开放初期，我国对外经济交流活动十分有限，再加上国内市场化水平不高，造成了与国际市场相对隔绝的状态。1978年，我国货物进出口总额只有206亿美元，世界排名第二十九位，2012年，货物进出口总额已达到38671亿美元，比1978

年增长186倍，年均增长16.6%，仅次于美国，位居世界第二位；货物出口总额20487亿美元，增长209倍，年均增长17.0%，居世界第一位；货物进口总额18184亿美元，增长166倍，年均增长16.2%，居世界第二位。2012年，我国货物出口总额和进口总额分别占世界的11.2%和9.8%。

引进外资与对外投资活动日益频繁。改革开放以来，我国充分发挥了资源、劳动力等要素优势和巨大的潜在市场优势，成为国际直接投资的热土，利用外资规模不断扩大，外商直接投资成为推动我国经济发展和技术进步的重要力量。1979—2012年，实际使用外商直接投资12761亿美元，1984—2012年以年均18.0%的高速度增长。近些年来，随着我国企业实力的提升，"走出去"的步伐开始加大。中国对外直接投资净额由2007年的265亿美元快速提高到2012年的878亿美元，2012年末对外直接投资存量达到5319亿美元。

4. 人民生活大改善，实现了从温饱不足到总体小康并向全面小康迈进的历史性跨越

就业规模持续扩大。1978—2012年，我国就业人员从40152万人增加到76704万人，年均增加1075万人；与此同时，大量农村富余劳动力向非农产业有序转移。2012年，我国农民工数量达到2.6亿人。

城乡居民收入显著提高。2012年，城镇居民人均可支配收入24565元，比1978年增长71倍，年均增长13.4%，扣除价格因素，年均增长7.4%；农村居民人均

纯收入7917元，增长58倍，年均增长12.8%，扣除价格因素，年均增长7.5%。城乡居民拥有的财富显著增加。2012年末，城乡居民人民币储蓄存款余额39.96万亿元，比1978年末增长1896倍，年均增长24.9%。股票、债券等金融资产规模不断扩大。城镇居民拥有的财产性收入从无到有，2012年占人均全部年收入比重上升到2.6%。

居民生活水平和质量极大改善。2012年，城镇居民人均现金消费支出16674元，比1978年增长52.6倍；农村居民人均消费支出5908元，增长49.9倍，年均名义增长12.3%。居住条件极大改善。2012年，城镇居民人均住宅建筑面积32.9平方米，比1978年增加26.2平方米；农村居民人均住房面积37.1平方米，增加29.0平方米。消费领域不断拓展，物质生活极大丰富。彩电、电冰箱、空调、电话等耐用消费品逐步普及，汽车、电脑等高档耐用消费品拥有量大幅提高。

社会保障事业全面推进。2012年末，全国参加城镇职工基本养老保险人数30426.8万人，比1989年末增加24716.5万人；参加城镇职工基本医疗保险和失业保险人数分别为19861.3万人和15224.7万人，分别比1994年增加19486.7万人和7256.9万人；参加城乡居民社会养老保险人数48369.5万人；2566个县（市、区）开展了新型农村合作医疗工作，新型农村合作医疗参合率98.3%；2143.5万城市居民和5344.5万农村居民得到政府最低生活保障。

5. 社会事业大进步，呈现出由社会事业发展相对滞后向经济社会全面协调发展转变

教育事业成绩显著。教育普及程度明显提高，2012年，普通高等教育本专科招生人数689万人，比1978年增长16.1倍；在校生2391万人，增长26.9倍；毕业生625万人，增长36.9倍。

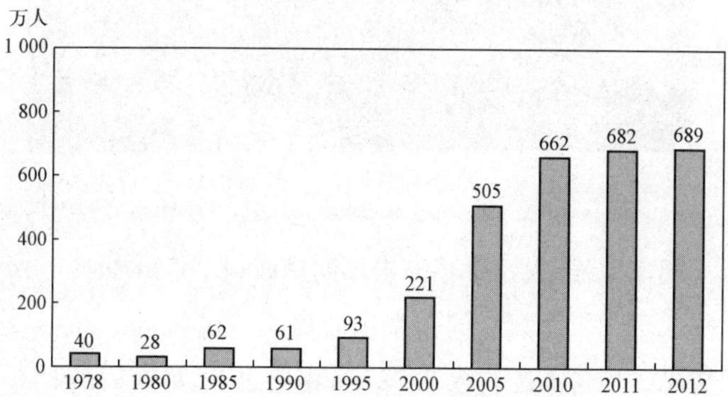

1978—2012年普通高等教育本专科招生人数

科技事业成果丰硕。一批重大科技成果相继问世。建成了正负电子对撞机等重大科学工程，秦山、大亚湾核电站并网发电成功，银河系列巨型计算机不断升级并全部研制成功。近年来，我国在载人航天、载人深潜、基因工程、高性能计算机、新材料、量子信息、3D打印等领域取得了重大突破，为成功转型为创新型国家奠定良好基础。

——据《改革开放铸辉煌　经济发展谱新篇》，2013年11月6日《人民日报》

载人深潜

国家富强，人民幸福。当年的华西村2004年时，人均工资收入12.26万元。同年全国农民人均纯收入2936元，城镇居民人均可支配收入9422元，相比之下，华西人的收入是全国农民的41.76倍、城镇居民的13.01倍。到2009年，华西村入选世界纪录协会中国第一村，创造了多项世界之最、中国之最。青岛郊县当年的胶南农村已经成为青岛的新市区，2007年该地区的居民人均纯收入就达到了7373元。前面提到的那户人家今非昔比，子女们都接受了硕士博士教育，全家生活提早达到了小康水平。

取得上述成就的原因当然很多，但市场经济的发展无疑是重要原因。

第二节　完善社会主义制度的内在要求

一、实践中悟出的道理

上述正反两个方面的经验教训，使我们悟出了一个道理，即发展社会主义市场经济是完善社会主义制度的内在要求。

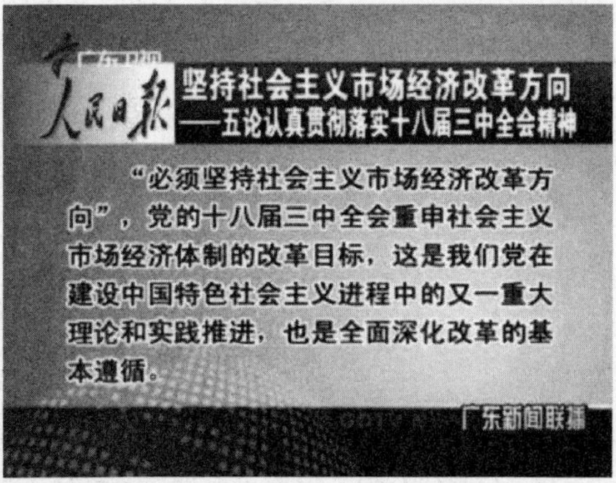

首先，完善社会主义制度要求不断发展生产力，而发展社会主义市场经济有利于社会生产力的不断提高。社会主义制度下，只有生产力不断提高，综合国力的提高和人民生活的不断改善才有可靠的保证。而市场经济是一种“效率型”经济，发展社会主义市场经济有利于生产力的不断提高。第二次世界大战以后，一些国家和地区之所以出现经济高速有效增长，重要的原因就是较好地实行了市场经济；相反，一些国家和地区经济发展停滞甚至下降，一个重要的病根就是因为排斥市场经济。实践证明,发展市场经济有利于生产力的发展,在社会主义制度下发展市场经济,有利于社会主义生产力的不断提高和经济的不断发展。

其次,完善社会主义制度,要求建立和完善与生产力发展相适应的公有制形式和所有制结构,而发展社会主义市场经济有利于促进社会主义经济制度的自我发展和完善。市场经济是一个完全开放的经济,是一种具有高度的灵活适应性的经济体制,对于无论来自内部还是外部的变化,都具有高度的灵活适应性,为创新开辟出最广阔的制度空间。市场经济的发展有利于推动所有制结构随着生产力的发展不断地进行调整,不断地创造出更适合生产力发展的公有制的新形式。实践也证明,发展市场经济有利于促进社会主义经济制度的自我发展和完善。

再次,完善社会主义制度要求不断满足人民日益增长的物质文化需要,实现共同富裕,而发展社会主义市场经济有利于满足人民日益增长的物质文化需要和共同富裕目标的实现。社会主义市场经济,一方面可以发挥市场经济的内在动力和活力,另一方面又可以发挥社会主义制度的优越性,通过政府的宏观调控保证经济的持续协调健康发展,防止两极分化,并最终消灭剥削,实现共同富裕。我国改革开放以来的实践证明,发展社会主义市场经济有利于满足人民日益增长的物质文化需要和共同富裕目标的实现。

二、市场经济的发展是不可逾越的阶段

自古以来,人类社会发展已经经过五种社会形态——原

始社会、奴隶社会、封建社会、资本主义社会和社会主义社会。这五种社会形态在不同地区不同国家，出现和存在的时间是不完全一样的，有的地区和国家甚至可以跨越某一社会形态出现社会跳跃式发展。例如，美国就基本没有经过封建社会而直接由奴隶社会跨越到资本主义社会，而中国基本没有经历资本主义社会直接由半殖民地半封建社会进入新民主主义社会和社会主义社会。但是到目前为止，人类社会发展实践说明，尽管社会形态可以跨越，但市场经济的发展则是不可逾越的阶段，中国跨越了资本主义制度，获得新民主主义革命和社会主义革命成功，也曾经试图跨越市场经济，实践证明是不可以的。市场经济是走向现代化不可逾越的经济形式。

第三节　建成小康社会和现代化国家的必然选择

一、建成小康社会和现代化国家任重而道远

进入改革开放新时期以来，邓小平就一直强调，我们党在社会主义初级阶段的奋斗目标，就是要实现社会主义现代化，把我国建设成一个富强、民主、文明的社会主义现代化国家。为了实现这一奋斗目标，他又提出到二十世纪末，人民生活达到小康水平；到二十一世纪中叶，基本实现现代化，人均国民生产总值达到中等发达国家水平，人民过上比较富裕的生活。

经过奋斗，到 2000 年底，全国人民生活总体上达到了小康水平，接下来的任务就是通过进一步全面建设小康社会，

最终实现现代化。进入新世纪,党的十六大提出本世纪头二十年全面建设小康社会的宏伟目标,党的十七大在十六大确立的目标的基础上提出了新要求。党的十八大在十六大、十七大确立的全面建设小康社会目标的基础上,根据我国经济社会发展实际,更进一步提出:综观国际国内大势,我国发展仍处于可以大有作为的重要战略机遇期。我们要准确判断重要战略机遇期内涵和条件的变化,全面把握机遇,沉着应对挑战,赢得主动,赢得优势,赢得未来,确保到 2020 年实现全面建成小康社会宏伟目标。

声音

习近平:中国已确定“两个一百年”的奋斗目标

面向未来,中国已经确定了“两个一百年”的奋斗目标。一是到 2020 年,即中国共产党成立 100 年时,国内生产总值和城乡居民人均收入在 2010 年的基础上翻一番,全面建成惠及十几亿人口的小康社会;二是到本世纪中叶,即中华人民共和国成立 100 年时,建成富强民主文明和谐的社会主义现代化国家。实现中华民族伟大复兴的中国梦,是中国各族人民的共同愿景。为此,我们将坚持把发展作为第一要务,坚持以人为本,坚持改革开放,全面推进经济建设、政治建设、文化建设、社会建设、生态文明建设,促进现代化建设各个方面、各个环节相协调。

——习近平主席致 2013 成都《财富》论坛的贺信,据 2013 年 6 月 6 日中国青年网要全面建成小康社会，建成富强民主文明和谐的社会主义现代化国家，任重道远。随着改革的深化，经济发展过程中的深层次问题开始暴露，表现在：

第一，社会发展程度落后于经济发展，政府和市场的功能错位。在经济飞速发展的同时，社会保障、医疗、教育、住房问题仍然是困扰人民生活的主要问题，"看病难"和"买房难"的问题没有很好地解决；政府对经济的干预较多，行政审批的做法依然比较普遍，严重影响了资源配置的效率。

第二，经济发展的资源环境代价高昂，资源环境问题突出，制约了经济的可持续发展。2010 年我国国内生产总值占世界的比重仅为 9.5%，但消耗的能源占世界能源总消费量的 20%左右。大量的资源消耗使得我国对某些重要资源的对外依存度超过了 50%，全国 20%的地表水国控断面水质为劣 V 类，受污染耕地达到 1.5 亿亩，京津冀、长三角、珠三角地区的空气污染严重影响了当地居民的健康。

第三，社会贫富差距扩大，发展成果的分享缺乏公平性。劳动报酬占国民收入的比重偏低，财政收入的增长率显著高于经济增长率，这说明国民经济的分配向政府和企业倾斜；从 2003 年开始，我国基尼系数一直不低于 0.47，明显超过了国际公认的收入差距"警戒线"——0.4 的水平，城乡收入差距始终维持在 3 倍以上的高水平，行业间收入差距也进一步拉大。

第四，要素使用效率不高。劳动生产率明显低于发达国家，2008 年，我国每个就业者创造的 GDP 为 10378 美元，仅为世界水平的 60%、美国的 15.8%、日本的 22.8%；投资效率总体低下，资金高投入、低效益、低水平运作的问题突出；能源使用效率不高，单位 GDP 油耗比世界平均水平高 30%，是欧美主要的国家 2 到 3 倍，是日本的 3.25 倍；单位 GDP 电耗是世界平均水平的 2.53 倍，是欧美主要国家的 3 到 4 倍，是日本的 5.95 倍。

二、必须完善社会主义市场经济体制

解决发展中遇到的问题，实现全面建成小康社会和富强民主文明和谐的社会主义现代化国家的目标，需要全面深化改革，进一步发展社会主义市场经济，完善社会主义市场经济体制。这是因为：

第一，建成小康社会和现代化国家必须解放和发展生产力，必须有坚实的物质基础，这一重大任务只有在社会主义市场经济体制下才能完成。社会主义市场经济体制既能够充分发挥社会主义制度的优越性，同时能够创造性地在社会主义条件下发挥市场经济的长处和优点，使经济活动遵循市场规律的要求，建立起富有生机和活力的经济体制，这也有利于社会主义制度的巩固、完善和发展。建设小康社会，中心任务是促进经济大发展。只有经济发展了，小康社会才有强大的物质基础，人民才能安居乐业。

第二，社会主义市场经济能够促进公有制经济和非公有制经济的发展，为小康社会和现代化国家的建设打下坚实的制度基础。一方面，社会主义市场经济体制能够有效推动公有制经济的发展，提高公有制经济的活力和效率。另一方面，社会主义市场经济体制能够有效推动非公有制经济发展。近几年，不少私营企业逐渐做大做强，显现出旺盛的生命力。

第三，社会主义市场经济能够充分发动人民群众的力量，调动人民群众的积极性。中华民族是勤劳智慧的民族，历史经验告诉我们，只有依靠人民的力量，建设小康社会和现代化国家的宏伟目标才能实现。社会主义市场经济体制能够广泛地尊重人民群众的首创精神，及时总结人民群众创造出来的实践经验，能够把群众的积极性引导好、保护好、发挥好。社会主义市场经济能够充分调动和发挥全社会发展的积极性，能够让一切劳动、知识、技术、管理、资本的获利竞相迸发，让一切创造社会财富的源泉充分涌流。

第四，社会主义市场经济能够有效处理公平和效率的关系，有效提高人民的生活水平。中国特色社会主义市场经济，是以最终实现人民共同富裕为目的的社会主义市场经济。社会主义市场经济能够处理好市场机制和宏观调控的关系，既能够发挥市场在资源配置过程中的决定性作用，又能针对市场存在的自发性、盲目性和滞后性，利用国家的力量加以正确的引导和调控，使国民经济保持持续健康发展。

第五，社会主义市场经济能够有效促进开放型经济的发展。要建成小康社会和现代化国家，必须适应经济全球化的新形势，在更大范围、更广阔领域和更高层次上参与国际经济技术合作与竞争，充分利用国际国内两个市场，优化资源配置，以开放促改革促发展。因此，我们同发达国家进行贸易往来，必须建立起与之兼容的市场经济体制，才能最大程度地发挥外国投资和国外市场在我国经济建设中的作用。

第六，社会主义市场经济有利于科技创新和产业结构优化升级。市场经济的发展不但为基础性的科学研究提供了大量的经费支持，而且使企业意识到了产品创新在企业生产经营中的重要性。通过采用先进的生产技术，一方面降低了企业的生产成本、提高了生产效率，另一方面改进了产品的性能、提高了产品质量，使企业成为科技创新的重要推动力量。正是由于企业持续的科技创新，才使得产业结构能够随着经济的发展不断升级。产业结构优化的内涵是指社会生产与社会需求相对应，既不存在过量的需求也不存在过量的供给，完善的市场经济能够使社会需求的变化迅速反应为商品价格的变化。市场需求量增加的产品价格上升，企业追加投资、扩大产能；而社会需求降低的产品价格下降，企业关闭工厂、缩减产能。最终实现社会生产和社会需求的协调，即产业结构的不断优化。

实践是检验真理的唯一标准，建国以来我们在经济体制改革过程中积累的经验告诉我们，只有社会主义市场经济体制才能发展社会主义社会的生产力，才能增强社会主义国家的综合国力，才能提高人民的生活水平。为了实现建成小康社会和社会主义现代化国家的目标，我们必须坚定不移地发展社会主义市场经济，完善社会主义市场经济体制。

深阅读

1. 人民日报评论员:《坚持社会主义市场经济改革方向》，2013 年 11 月 20 日《人民日报》。

2. 张卓元:《走向“社会主义市场经济论”》，2012 年 6 月 1 日《北京日报》。

第三章　以更大的勇气和智慧全面深化改革

改革开放是在新的时代条件下新的伟大革命，是当代中国最鲜明的特色。要大力发展社会主义市场经济，完善社会主义市场经济体制，就必须以更大的勇气和智慧，不失时机深化重要领域改革，攻克体制机制上的顽瘴痼疾，进一步解放和发展社会生产力。

第一节　改革开放只有进行时没有完成时

一、行百里者半于九十

中国有句古训：行百里者半于九十。说的是走一百里路，如果走了九十里，那只能算是走了一半。比喻做事越接近成功越困难，越要认真对待。激励人们在做事的时候，要一鼓作气坚持到底，不可半途而废，不可有任何松懈、麻痹和动摇。这句古训，非常适用于今天中国的改革。

党的十一届三中全会以来30多年的改革开放，已经取得了伟大成就，但我国的生产力水平总体上还不高，自主创新能力还不强，长期形成的结构性矛盾和粗放型增长方式尚未根本改变，影响发展的体制机制障碍依然存在，在前进的道路上会遇到困难和风险。例如：发展中不平衡、不协调、不可持续问题依然突出;科技创新能力不强,产业结构不合理,发展方式依然粗放;城乡区域发展差距和居民收入分配差距依然较大;社会矛盾明显增多,教育、就业、社会保障、医疗、住房、生态环境、食品药品安全、安全生产、社会治安、执法司法等关系群众切身利益的问题较多,部分群众生活困难;形式主义、官僚主义、享乐主义和奢靡之风问题突出,一些领域消极腐败现象易发多发,反腐败斗争形势依然严峻,等等。解决这些问题,关键在于全面深化改革。

声音

改革开放只有进行时没有完成时。没有改革开放,就没有中国的今天,也就没有中国的明天。改革开放中的矛盾只能用改革开放的办法来解决。

——习近平:《改革开放只有进行时没有完成时》(2012 年 12 月 31 日),《习近平谈治国理政》,外文出版社 2014 年版

二、改革如逆水行舟,不进则退

一把钥匙开一把锁,改革发展进程中发生的问题需要改

革发展去解决，舍此没有别的办法。1978 年以来，我们党靠什么来振奋民心、统一思想、凝聚力量？靠什么来激发全体人民的创造精神和创造活力？靠什么来实现我国经济社会快速发展、在国际竞争中赢得比较优势？靠的就是改革开放。当前，我国发展进入新阶段，改革进入攻坚期和深水区。改革如逆水行舟，不进则退，必须最大限度集中全社会智慧，最大限度调动一切积极因素，敢于啃硬骨头，敢于涉险滩，以更大决心冲破思想观念的束缚、突破利益固化的藩篱，推动中国特色社会主义制度自我完善和发展。

中华民族数千年的历史证明改革是破旧立新，不进则退。改革能否成功影响一个国家的命运，成功的改革使一个国家走向稳定和繁荣，而失败的改革可能会导致内乱和灭亡。我国古代进行的变革和由此引起的历代王朝的昌盛、衰败和更迭，虽不可与当今的改革同日而语，但其经验教训可资借鉴。春秋时期管仲改革“相地而衰征”，使齐国成为当时最为富庶强大的国家，齐桓公得以成为一代霸主；战国时期，秦国商鞅推行改革，秦国一统六国，建立了我国历史上第一个封建制王朝；北魏孝文帝改革使北魏政治、经济有了较大的发展，各族人民交往频繁，民族融合步伐加快，为北方经济的恢复发展作出巨大贡献……历史上成功的改革，推动着一个个王朝走向繁荣昌盛，相反，也有很多改革因为各种各样的原因失败了，王朝相应没落。历史上改革成败的交替使我国拥有了极为珍贵的文化遗产，成为我们今天深化改革、建设社会主义市场经济的宝贵财富。

经过 30 多年的改革开放之后，我国的改革已经进入“深水区”,容易的改革基本已经过去,剩下的——如国有企业改革问题、农地问题、收入分配问题等等,都是硬骨头。改革已经进入“攻坚期”。每动一步都需要解决错综复杂的社会矛盾,触碰到既得利益的调整,所以,需要我们有“壮士断腕”的勇气,敢于硬碰硬,啃“硬骨头”。在全面深化改革面前,需要我们有更大的勇气,来不得丝毫的怯懦,否则不仅不能前进,甚至会功亏一篑,前功尽弃。面对未来,要破解发展面临的各种难题,化解来自各方面的风险和挑战,更好发挥中国特色社会主义制度优势,推动经济社会持续健康发展,除了深化改革开放,别无他法。

我国过去的发展历程和经验充分证明了:只有不断地深化改革才能发展中国特色社会主义,才能把我国建设成为富强民主文明和谐的社会主义现代化国家。我们只有通过深化重要领域的改革,才能顾全国内和国际这两个大局,才能在实现“两个一百年”的奋斗目标和中华民族伟大复兴的中国梦等目标的同时,也为经济发展争取到良好的国际环境,以维护国家主权,维护世界和平,促进共同发展。

第二节 把握重点领域,全面深化改革

一、以经济体制改革为重点

经济是基础。经济建设是全国的中心工作。当前制约科学发展的体制机制障碍不少集中在经济领域,经济体制改革的任务远远没有完成,经济体制改革的潜力还没有充分发挥出来。坚持以经济建设为中心不动摇,就必须坚持以经济

体制改革为重点不动摇。坚持以经济体制改革为重点，要在以下方面展开并努力取得实质性突破：

1. 进一步处理好政府与市场的关系。经济体制改革的核心问题是处理好政府和市场的关系，使市场在资源配置中起决定性作用和更好发挥政府作用。所谓使市场在资源配置中起决定作用，归根结底就是要实实在在地尊重市场经济的基本规律；所谓更好发挥政府作用就是要进一步规范政府职能，使政府的作用更加符合客观规律的要求，更加有效率，更加有利于充分发挥市场机制的正效应和弥补市场的不足。

2. 坚持和完善基本经济制度。既要深化国有经济、国有企业改革，坚持公有制的主体地位和国有经济的主导作用不动摇，又要深化非公有制企业改革，毫不动摇鼓励、支持、引导非公有制经济发展，激发非公有制经济活力和创造力。要努力创造公有经济和多种所有制经济权利平等、机会平等、规则平等的发展环境，创新基本经济制度的实现形式。

3. 加快完善现代市场体系。建立公平开放透明的市场规则，完善主要由市场决定价格的机制，建立城乡统一的建设用地市场，完善金融市场体系，健全技术创新市场导向机制，加快形成企业自主经营、公平竞争，消费者自由选择、自主消费，商品和要素自由流动、平等交换的现代市场体系。

4. 加快完善宏观调控体系。深化投资体制改革、财税体制改革和金融体制改革，健全以国家发展战略和规划为导向、以财政政策和货币政策为主要手段的宏观调控体系。

5. 构建开放型经济体系。适应经济全球化新形势，放宽投资准入，加快自由贸易区建设，扩大内陆沿边开放，推动对内对外开放相互促进、引进来和走出去更好结合，促进国际国内要素有序自由流动、资源高效配置、市场深度融合，加快培育参与和引领国际经济合作竞争新优势，以开放促改革。形成参与国际宏观经济政策协调的机制，推动国际经济治理结构完善。

6. 加快转变经济发展方式。要改革不适应科学发展要求的发展模式，把推动发展的立足点转到提高质量和效益上来，着力激发各类市场主体发展新活力，着力增强创新驱动发展新动力，着力构建现代产业发展新体系，着力培育开放型经济发展新优势，使经济发展更多依靠内需特别是消费需求拉动，更多依靠现代服务业和战略性新兴产业带动，更多依靠科技进步、劳动者素质提高、管理创新驱动，更多依靠节约资源和循环经济推动，更多依靠城乡区域发展协调互动，不断增强长期发展后劲。

7. 加快建设创新型国家。要坚持走中国特色自主创新道路，深化科技体制改革，推动科技和经济紧密结合，加快建设国家创新体系，着力构建以企业为主体、市场为导向、产学研相结合的技术创新体系，完善知识创新体系，促进创新资源高效配置和综合集成，把全社会智慧和力量凝聚到创新发展上来。

8. 健全城乡发展一体化体制机制。加快构建新型农业经营体系，赋予农民更多财产权利，推进城乡要素平等交换和公共资源均衡配置，完善城镇化健康发展体制机制，加快改变城乡二元结构，让广大农民平等参与现代化进程、共同分享现代化成果。

9. 加快生态文明制度建设。健全自然资源资产产权制度和用途管制制度,实行资源有偿使用制度和生态补偿制度,改革生态环境保护管理体制,建立系统完整的生态文明制度体系,实行最严格的源头保护制度、损害赔偿制度、责任追究制度,完善环境治理和生态修复制度,用制度保护生态环境。

10. 更好保障和改善民生。改革的根本目的是促进生产力发展,提高人民生活水平。要改革收入分配制度,形成合理有序的收入分配格局,促进共同富裕,深化教育领域综合改革,健全促进就业创业体制机制,建立更加公平可持续的社会保障制度,实现发展成果更多更公平惠及全体人民,解决好人民最关心最直接最现实的利益问题,更好满足人民需求。

二、全面深化改革

经济是基础,发展是硬道理。经济体制改革的深化,必然对社会领域和上层建筑领域深化改革提出新的要求并带动和促进这些领域深化改革。为此,就必须更加注重改革的系统性、整体性、协同性,在深化经济体制改革、加快发展社会主义市场经济的同时,深化政治体制改革、文化体制改革、社会体制改革和生态文明体制改革,加快发展民主政治、先进文化、和谐社会、生态文明,让中国特色社会主义在深化改革中更加显示出生机和活力。

全面深化改革,任重道远,我们必须以更大的勇气和智慧,不畏艰难,毫不懈怠,勇往直前,而决不可徘徊不前,半途而废。

媒体链接

十八届三中全会全面改革主题

这次会议确定的主题是全面深化改革,这与十一届三中全会以来的前六次三中全会有所不同。尽管前六次会议也都与改革有关,但主题仅是某一方面改革。这次则包括了经济、政治、文化、社会、生态文明以及国防和军队改革、党的建设制度改革。之所以确定这样的主题,一方面是为了与“五位一体”总体布局相适应,另一方面也是实践需要,当改革进入攻坚期、深水区,只有坚持全面改革,才能继续深化改革。

《决定》2 万字左右,涵盖 15 个领域、60 个具体任务,句句是改革,字字有力度。每一句话的内涵十分丰富,落实下去都会使该领域的体制机制发生重大变化。

——据《中央财经领导小组详解三中全会亮点:60 个任务》,2013 年 11 月 15 日《人民日报》

第三节 努力把改革开放推向前进

一、坚持全面深化改革的正确方向

以经济体制改革为重点全面深化改革,必须坚持社会主义市场经济改革方向,以促进社会公平正义、增进人民福祉为出发点和落脚点,进一步解放思想、解放和发展社会生产力、解放和增强社会活力,坚决破除各方面体制机制弊端,努力开拓中国特色社会主义事业更加广阔的前景。必须立足于我国长期处于社会主义初级阶段这个最大实际，坚持发展仍是解决我国所有问题的关键这个重大战略判断，以经济建设为中心，发挥经济体制改革牵引作用，推动生产关系同生产力、上层建筑同经济基础相适应，推动经济社会持续健康发展。

二、牢牢把握全面深化改革的总目标

以经济体制改革为重点全面深化改革的总目标是完善和发展中国特色社会主义制度，推进国家治理体系和治理能力现代化。必须更加注重改革的系统性、整体性、协同性，加快发展社会主义市场经济、民主政治、先进文化、和谐社会、生态文明，让一切劳动、知识、技术、管理、资本的活力竞相迸发，让一切创造社会财富的源泉充分涌流，让发展成果更多更公平惠及全体人民。

三、解放思想实事求是

全面深化改革是继续革命，既要革一切不合理体制的命，也要革一切守旧思想的命。要解放思想，冲破思想观念的障碍，突破利益固化的藩篱，要有自我革新的勇气和胸怀，跳出条条框框限制，以积极主动精神研究和提出改革举措，找准突破的方向和着力点。全面深化改革，胆子要大，步子要稳，对要出台的措施，需统筹考虑，整体谋划，全面论证，科学决策。

四、紧紧依靠人民推动改革

人民是历史的创造者，是国家的主人，是全面深化改革的力量源泉。过去三十多年改革开放取得成功的重要经验是，改革开放为了人民，依靠人民，尊重人民的主人公地位，发挥群众的首创精神，紧紧依靠人民推动改革。全面深化改革仍然要坚定不移地站在人民的立场上，一切措施的出台都要从人民的利益出发，广泛听取人民群众的意见和建议，一切改革措施的落实都要充分调动群众的积极性、主动性、创造性，依靠人民群众去落实。要把广大人民群众的智慧和力量凝聚到改革上来，同人民一道把改革推向前进。

声音

习近平：对待改革问题要"蹄疾而步稳"

中国共产党新闻网　北京1月23日电　据新华社消息，中央全面深化改革领导小组第一次会议1月22日下午在京召开，中共中央总书记、国家主席、中央军委主席、中央全面深化改革领导小组组长习近平在会上指出，对改革进程中已经出现和可能出现的问题，困难要一个一个克服，问题要一个一个解决，既敢于出招又善于应招，做到"蹄疾而步稳"。

习近平指出，我们也要看到，贯彻落实三中全会精神，也存在一些值得注意的问题。主要是有的地方、单位、干部对三中全会精神理解不深、把握不准，对全面深化改革的艰巨性、复杂性、关联性、系统性估计不足；有的对全面深化改革的重要性和紧迫性认识不足，抓改革作风不扎实、工作不到位。还要看到，随着改革不断推进，对利益关系的触及将越来越深，对此也要有足够思想准备。对改革进程中已经出现和可能出现的问题，困难要一个一个克服，问题要一个一个解决，既敢于出招又善于应招，做到"蹄疾而步稳"。

——2014 年 1 月 23 日人民网

深阅读

1. 习近平:《改革开放只有进行时没有完成时》、《改革再难也要向前推进》，载《习近平谈治国理政》，外文出版社 2014 年版。

2. 朱之鑫:《以更大的政治勇气和智慧不失时机深化重要领域改革》,《十八大报告辅导读本》，人民出版社 2012 年版。

3.《中央财经领导小组详解三中全会亮点:60 个任务》，2013 年 11 月 15 日《人民日报》。

第四章　处理好政府与市场的关系

在社会主义市场经济发展中，有两只手在起着作用：一只是看不见的手，即价值规律通过市场机制对经济发挥自发调节作用；一只是看得见的手，即政府通过规划、经济政策等对经济发挥自觉调节作用。两只手的作用都不可缺少，但必须处理好两者的关系，使之协调自如，相得益彰，否则，如果两只手打起架来，反而使事情弄得更糟。

第一节　经济体制改革的核心

一、"两只手"的比较

新中国成立初期，物资极度匮乏，粮食等生活必需品无法保证供应。怎么办？当时选择了凭票供应。凭票供应，实际上就是想靠政府的计划手段解决物资的短缺问题所采取的措施之一。稍微年长一些的人，都会有难忘的记忆，当时各种票证数也数不清——吃饭要粮票，吸烟要烟票，喝酒还得有酒票，就连一分钱一盒的火柴，也得用火柴票，更不用说稀罕的"三大件"（自行车、缝纫机和手表），要买更得要有票，到 1961 年，市场上凭票供应的商品已经达到了 156 种。结果如何呢？物资短缺依旧，票证成了"黑市"的倒卖品。

1978年党的十一届三中全会后，随着改革开放的逐步深入，商品市场渐渐活跃起来，曾经严格的票证制度也逐渐松动，国家逐步缩小了消费品计划配给的范围。1983年，由国家统一限量供应的只有粮食和食用油两种商品了。1984年，在经过两年多的物价体制改革试验后，深圳市在全国率先取消一切票证，粮食、猪肉、棉布、食油等商品敞开供应，价格放开。1992年全国各地先后放开粮食及其他产品价格，实行购销同价，促进粮食产销与市场接轨。1993年，粮油实现敞开供应，粮票被正式宣告停止使用，持续时间近40年的"票证经济"就此落幕，计划让位给市场，物资却大大地丰富起来。

二、对政府与市场关系认识的逐步深化

票证的消失，是我国政府与市场关系逐步调整的一个缩影。1992年，党的十四大提出了我国经济体制改革的目标是建立社会主义市场经济体制，要使市场在国家宏观调控下对资源配置起基础性作用。这一重大理论突破，对我国改革开放和经济社会发展发挥了极为重要的作用。而在此之前，就社会主义国家是否可以实行市场经济体制这个问题，曾长期存在一种认识上的误区，即认为市场经济只存在于资本主义社会，只有资本主义的市场经济。事实上，我国处于社会主义初级阶段的基本国情在较长一段时间内难以彻底改变，人民日益增长的物质文化需要同落后的社会生产之间的矛盾这一社会主要矛盾也将长期存在，我国是世界最大发展中国家的事实也需要数十年时间才能改变。这就决定了我国

迫切需要运用一切可行的办法来加快生产力的发展。改革开放以来的多年实践证明,把计划和市场结合起来,就更能解放生产力,加速经济发展。

告别“票证经济”是一个良好的开端。党的十四大以来的20多年里,我们围绕建立社会主义市场经济体制这个目标,推进经济体制以及其他各方面体制改革,使我国成功实现了从高度集中的计划经济体制到充满活力的社会主义市场经济体制、从封闭半封闭到全方位开放的历史性转折,实现了人民生活从温饱到小康的历史性跨越,实现了经济总量跃居世界第二的历史性飞跃。

在这20多年里,我们对政府和市场关系的探索和认识一刻也没有中断。党的十五大进一步重申“使市场在国家宏观调控下对资源配置起基础性作用”,党的十六大提出“在更大程度上发挥市场在资源配置中的基础性作用”,党的十七大提出“从制度上更好发挥市场在资源配置中的基础性作用”,党的十八大提出“更大程度更广范围发挥市场在资源配置中的基础性作用”。党的十八届三中全会通过的《中共中央关于全面深化改革若干重大问题的决定》中明确指出:“使市场在资源配置中起决定性作用”,“更好发挥政府作用”。可以看出,实践在不断发展,我们对政府和市场关系的认识也在

让政府和市场形成合力

不断深化。

三、为什么说政府与市场的关系是经济体制改革的核心

经过几十年的改革，我国社会主义市场经济体制已经初步建立起来，市场化程度有了大幅度提高，但是我国的社会主义市场经济体制还是不完善的，还存在不少问题，这些问题影响着我们日常生活的方方面面，主要表现在：

一是市场秩序不规范，以不正当手段谋取经济利益的现象大量存在。仅以长期困扰群众日常生活的食品安全问题为例，近年来，“苏丹红”、“地沟油”、“注水肉”、“三聚氰胺”等食品安全事件频繁地发生，甚至连一向声称“严格遵守国家法律法规和相关标准”的麦当劳、肯德基等，也在2014年7月20日被爆出使用过期肉的问题。至于强买强卖、偷税漏税等侵害消费者和国家利益的不正当甚至违法行为，也屡见不鲜。

二是要素市场不健全，要素闲置和大量有效需求得不到满足的现象并存。例如，从2011年9月12日至22日，10天时间内温州当地就有7家企业的老板“失踪”。究其原因，都是因为这些企业的老板陷入“高利贷”导致企业资金链断裂所致。当地人民银行部门的一项调查显示，在当地中小企业中非常盛行的大额高息资金借贷，其日利率高达3‰～6‰，企业如果大量借入这种资金只会是饮鸩止渴。而据国家统计局公布的数据，2011年末，人民币各项存款余额达80.9万亿元，比上年增加了9.6万亿元。一方面，大批企业，特别是中小企业，陷入“融资难”的困境；另一方面，“躺”在银行内的存款总量却快速增长，屡创新高。

三是市场规则不统一，部门保护主义和地方保护主义依旧存在。以新能源汽车为例，截至 2013 年，新能源汽车年度市场产销规模才达到 1.7 万辆，“蛋糕”还没有被做大，一些地方政府就出台政策，规定买外地的新能源汽车不享受当地政府补贴，由此阻碍了新能源汽车的消费。形形色色的保护主义，看起来是政府管了很多事情，但却事与愿违，阻碍了经济发展。

四是市场竞争不充分，阻碍优胜劣汰和结构调整。例如 2012 年以来，一汽大众销售有限责任公司下属的奥迪销售事业部多次组织湖北省区域内的经销商达成并实施整车销售及服务维修价格的垄断协议。这种行为剥夺、干预了下游经营者的定价权，抬高了整车和备件的销售价格，排除、限制了整车和备件市场的正常竞争秩序。市场竞争不充分，价格机制就难以发挥作用，不仅会阻碍优胜劣汰和结构调整，更会损害消费者合法权益。

上述问题的存在，有的是因为政府作用越位，妨碍了市场调节经济的作用，有的则是政府作用缺位，该做的没有做好。无论哪种原因，都说明，发展社会主义市场经济，要把政府和市场两只手都用好。在资源配置中既要发挥市场的决定性作用，又要更好地发挥政府的作用。

当前，我国已进入全面深化改革的阶段，全面深化改革千头万绪，但经济体制改革依然是重点，在经济体制改革中，处理好政府与市场的关系则是重点中的核心。

说政府与市场的关系是经济体制改革的核心，包括两层意思：

一层意思是，在全面深化改革中，要处理好在资源配置中市场起决定性作用还是政府起决定性作用这个牵一发而动全身的核心问题。改革的目的是要促进经济发展，提高人民生活水平，而经济发展就是要提高资源尤其是稀缺资源的配置效率，以尽可能少的资源投入获得尽可能大的效益。在这个过程中，如果不能实现市场作用与政府作用的科学搭配，就会在耗费了大量人力、物力和财力之后，出现经济发展状况不尽如人意的问题。

另一层意思是，处理好政府与市场的关系，就要找到资源配置的最有效率的形式。市场决定资源配置是市场经济的一般规律，市场经济本质上就是市场决定资源配置的经济。健全社会主义市场经济体制必须遵循这条规律，着力解决市场体系不完善、政府干预过多的问题，使市场能够在资源配置中起决定性作用。当然，正如习近平同志指出的那样："市场在资源配置中起决定性作用，并不是起全部作用。""我国实行的是社会主义市场经济体制，我们仍然要坚持发挥我国社会主义制度的优越性、发挥党和政府的积极作用。"

第二节　让市场在资源配置中发挥决定性作用

一、为什么要让市场发挥决定性作用

"使市场在资源配置中起决定性作用"，是党的十八届三中全会在总结我国社会主义市场经济发展的最新经验基础上做出的论断。细心比较就会发现，在过去很长一段时间里，我们一直强调市场在资源配置中起"基础性作用"，

现在把“基础性作用”改为“决定性作用”，虽然只是两个字之差，却反映出我们对市场经济体制下市场在资源配置中应当发挥什么作用这一重大问题，有了更加深刻的认识。那么，为什么要作出这一看似微小意义却十分重大的改变呢？

一是更加准确地抓住了中国现实经济问题的“病根”。虽然经过30多年改革，我国初步建立起了社会主义市场经济体制，但目前经济体制在很多方面很不完善。究其原因，一个重要原因是政府对资源的直接配置过多、不合理干预太多。产能过剩、城市病严重、耕地占用过多、地方债风险等问题，很大程度上都与政府不合理的干预过多有关。让市场在资源配置中起决定性作用，抓住了问题的“牛鼻子”，为转变政府职能提供了理论基础，是解决中国现实经济问题的根本。

二是更加尊重客观经济规律。价值规律是市场经济的基本规律，发展社会主义市场经济，完善社会主义市场经济体制，也必须尊重价值规律，充分发挥价值规律的作用。使市场在资源配置中起决定性作用，说到底就是要尊重价值规律，让市场机制在资源配置中发挥决定性作用。人类社会发展市场经济的长期历史证明，充分发挥价值规律的作用，让市场机制在资源配置中发挥决定性作用，可以使经济发展保持最大的活力和动力，取得好的经济效益。

三是更加明确了深化经济体制改革的主线和路线图。面对当下社会主义市场经济体制存在的各种问题，全面深化改革选择怎样的突破口和路线图？使市场在资源配置中起决定性作用，实际上做出了明确的回答，那就是未来所有经济领域改革都要以“是否发挥市场在资源配置中的决定性作用”为标尺。经过 30 多年高速发展，我国经济上了大台阶，体量大了，家底厚了，百姓生活改善了。但是各种经济数据也表明，中国经济已经告别过去的高速增长而进入一种中高速增长的“新常态”，适应经济新常态，要求我们以改革开路，充分发挥市场的决定性作用，激发企业和社会活力，培育经济发展的内生动力，加快经济转型升级结构优化，更好地改善民生。

总之，将市场在资源配置中的作用由“基础性”改为“决定性”，是对社会主义市场经济理论的创新，是对中国社会主义市场经济内涵“质”的提升，也是未来深化经济体制改革及其他领域改革的基本方针。

二、如何更好地发挥市场的决定性作用

人们不禁要问，如何才能更好地发挥市场的决定性作用呢？最关键的是要建设统一开放、竞争有序的市场体系，这是让市场发挥好这个决定性作用的基础。

第一，要建立公平开放透明的市场规则。

第二，要完善主要由市场决定价格的机制。

第三，要建立城乡统一的建设用地市场。

第四，要完善金融市场体系。

对此，有关章节有较多的论述，这里就不再展开。

第三节 更好地发挥政府作用

一、为什么要更好地发挥政府作用

在《中共中央关于全面深化改革若干重大问题的决定》中，不仅明确指出要“使市场在资源配置中起决定性作用”，还提到要“更好发挥政府作用”。相信有不少人心中会有一个疑问，那就是：既然已经让最有效率的市场在资源配置中起了决定性作用，为什么还要更好地发挥政府作用呢？要回答这个问题，首先要从价值规律和市场机制作用的两面性说起。

市场在资源配置中有十分积极的作用，前面已经讲得很多，所以要使它在资源配置中起决定性作用，但这是问题的一个面，一个主要的面。另一面，市场并不是十全十美万能的，即使是在市场调节可以广泛发挥作用的领域，也还存在着一些弱点和缺陷，主要的是：

一是市场调节存在自发性。市场主要是依靠价格机制、竞争机制和供求关系来调节商品生产者和经营者的活动，在价值规律的作用下，商品生产者和经营者首要的目的就是追求自身的经济利益。在这个过程中，就有可能存在部分商品生产者和经营者利用不正当手段牟取私利的问题。

二是市场调节存在盲目性。在市场经济条件下，或大或小的商品生产者和经营者分散在不同的行业和领域，缺乏足够的信息来把握经济的整体变化趋势。这些商品生产者和经营者的决策往往存在一定的盲目性，一看到眼下某种商品价格高、有利可图,往往就一哄而上,价格下跌时又一哄而散。这种盲目的经营决策不仅浪费了资源,还造成了宏观经济的无序波动。

媒体链接

由于市场调节的自发性和盲目性,从2001年到2008年的7年里,我国光伏电池产量增长近600倍,原材料多晶硅的价格也跟着一路上扬。但好景不长,因世界性金融危机导致国外订单锐减,多晶硅价格从2008年8月的每吨300万元暴跌至2009年9月的每吨55万元。多晶硅行业主管部门的一份调查报告显示:到2009年6月底,我国已有19家企业多晶硅项目投产,产能规模达到3万吨/年,另有10多家企业在建、扩建多晶硅项目,总规划产能预计到2010年就将超过10万吨。而2008年我国多晶硅的总需求量才1.7万吨。这些产能若全能兑现,将超过全球需求量的2倍以上。

——据《多晶硅产能严重过剩,谁是主要推手》,2009年9月7日新华网《新华财经》栏目

三是市场调节存在滞后性。价格信号是商品生产者和经营者做出经营决策的主要依据,但是从商品生产者和经营者得知价格变化到完成商品生产规模的调整往往需要一定的时间。当商品生产者和经营者根据当下价格涨跌做出调整生产规模的经营决策时,商品供求关系可能已经正在发生改变了,商品生产者和经营者的经营决策的滞后就会造成商品供求关系的新的不平衡,导致经济波动和资

源浪费。

媒体链接

2013年"神农丹"事发之后，全国生姜一度陷入滞销，部分产区农民弃种；而到了2014年一季度，多地生姜价格超过10元/斤，部分地区生姜比猪肉还贵。价格上涨、农民跟风种植导致产量上升、价格下滑、农民弃种，又再次引发价格上涨的现象，已经成为生姜、大蒜等小宗农产品价格波动的一大怪圈。

——据《谁推动了农产品价格的"过山车"》，2014年4月29日新华网

上述情况说明，"使市场在资源配置中起决定性作用"并不意味着"使市场在资源配置中起全部作用"。市场调节存在的一些固有的弱点或缺陷，使得我们在让市场发挥资源配置中的决定性作用的同时，也要注重更好发挥政府作用，消除市场调节带来的一些弊端。强调市场在资源配置中发挥决定性作用，绝不是否定或弱化政府作用。

二、如何更好地发挥政府作用

更好发挥政府的作用，是社会主义市场经济发展的一种优势和特点。要把这种优势和特点发挥到极致，就必须做到以下两点：一是政府不能越位，二是政府不能缺位。所谓政府不能越位，就是应该由市场调节的，政府不要代替市场去做；所谓政府不能缺位，就是应该政府做的，政府一定要做好。这就涉及到政府究竟应该做什么，明确了政府该做的，

其他的就交给市场去调节。

政府该做的，概括起来，主要包括以下几个方面：

一是促进宏观经济稳定。在宏观经济出现较大波动的情况下，政府综合运用财政政策和货币政策等手段，使宏观经济在较短的时间内趋于稳定，是非常必要的。例如，当2008年国际金融危机爆发后，政府采取一系列扩大内需、促进经济平稳较快增长的措施，使中国经济没有因受国际金融危机的冲击而发生大的动荡。

二是加强和优化公共服务，弥补市场失灵。由于教育、医疗、社会保障等公共服务不直接产生经济效益，所以仅仅依靠市场难以有效供给，这就要求政府必须有所作为，加强和优化公共服务，消除市场失灵带来的消极影响。例如，2001年开始，中央财政每年安排大笔资金，用于向未普及九年制义务教育的农村贫困中小学生免费提供教科书。2005年，国家提出了农村义务教育阶段"两免一补"政策，为加大工作力度，当年中央和地方还对中西部地区安排资金72亿元。

三是保障公平竞争，加强市场监管，维护市场秩序。维护竞争有序的现代市场体系，离开了政府的依法监管显然是不行的，在促进市场依法公平有序竞争方面，政府是可以大有作为的。

媒体链接

经调查，2012年至2014年克莱斯勒在汽车销售过程中，与经销商签订了含有维持转售价格条款的经销协议，发布了含有维持转售价格内容的商务政策；对电话报价低于厂商建议零售价的经销商,以扣减返利、罚款等形式进行了处罚,并向全体经销商发布通告。2014年,上海市物价局对克莱斯勒(中国)汽车销售有限公司处以3168.20万元罚款,对其三家上海地区经销商上海越也、上海名创、上海信佳汽车销售服务有限公司共计罚款214.21万元。接受处罚后,克莱斯勒宣布对旗下旗舰车型及零配件实施降价,并放开了零配件销售渠道;其三家上海经销商也承诺不会与具有竞争关系的其他经销商商讨价格,坚持企业依法自主定价。

——据《克莱斯勒实施价格垄断被处罚款3168万元》,2014年9月11日新华网财经频道

四是推动可持续发展。实现可持续发展,是一项全局性、系统性的工程,单单依靠市场或者依靠某个城市或省份是难以完成的。这就需要政府出面协调组织,统筹推进,来推动可持续发展取得一个又一个突破。

五是促进共同富裕。市场虽是资源配置最有效率的形式,但市场优胜劣汰的过程也很容易造成贫富两极分化,这就要求政府这只"看得见的手"伸向贫困地区及贫困人群,通过以"输血"促"造血"的帮扶工作,努力消除贫困现象,促进共同富裕。

媒体链接

定西市安定区位于甘肃省中部,属典型的干旱、半干旱地区,上世纪八十年代有联合国官员考察后认为安定"不具备人类生存的条件"。从上世纪八十年代初开

始，党中央、国务院开展有计划、有组织、大规模的扶贫开发工作，到2006年底，安定区农民人均纯收入增长到1763元，较2000年净增505元；贫困人口由1982年底的23.67万人下降到2006年底的6.38万人，农村贫困面由1982年的70%下降到2006年的17.1%。

——据《定西市安定区扶贫开发工作情况》，2007年6月28日人民网经济频道

从实际情况看，政府应该做的这些工作，有的做了而且取得实效，有的则差距较大，特别是教育医疗社会保障等关系民生的工作需要进一步加大力度，做得更好。

要更好发挥政府作用，需要进一步加强政府治理，转变政府职能，必须做好以下工作：

首先，实现政企分开。转变政府职能的中心内容和根本途径是政企分开。政府直接干预企业的生产经营，既阻碍了企业成为独立法人实体，也使政府陷入了对企业要承担无限责任的境地，造成企业的低效率，产权管理责任不清，还阻碍了政府行使社会经济管理职能，难以创造公平竞争的市场环境。改革实践表明，政企分开是国有企业走向市场的必要条件，是建立现代企业制度，使企业成为独立法人实体和市场竞争主体的客观要求；是创造市场经济公平竞争机制，加强宏观调控职能的需要。政企分开，就是政企脱钩，企业不再在行政上隶属于政府部门，政府也不再干预企业的生产经营活动。实现政企分开，使那些主要管理企业的专业经济管理部门的职能转向制定行业规划和行业政策，进行行业管理；

引导本行业产品结构调整；维护行业平等竞争秩序，从而不再直接管理企业。在政企分开的同时，还要按照社会主义市场经济体制的要求，深入推进政资分开、政事分开、政社分开，建设职能科学、结构优化、廉洁高效、人民满意的服务型政府。

其次，进一步简政放权。深化行政审批制度改革，最大限度减少中央政府对微观事务的管理，市场机制能有效调节的经济活动，一律取消审批，对保留的行政审批事项要规范管理、提高效率；直接面向基层、量大面广、由地方管理更方便有效的经济社会事项，一律下放地方和基层管理。加强中央政府宏观调控职责和能力，加强地方政府公共服务、市场监管、社会管理、环境保护等职责。推广政府购买服务，凡属事务性管理服务，原则上都要引入竞争机制，通过合同、委托等方式向社会购买。

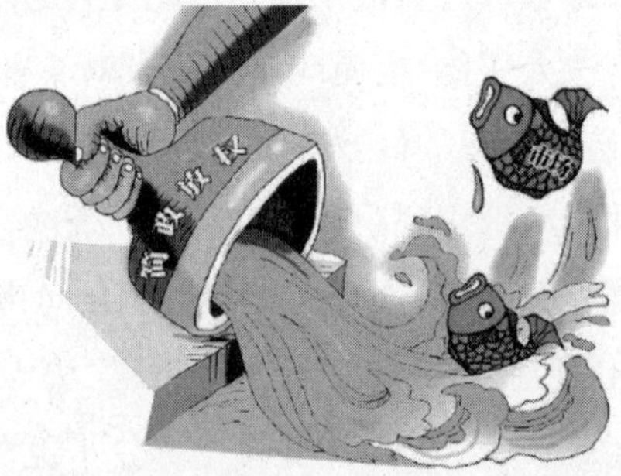

再次，优化政府组织结构。转变政府职能必须深化机构改革。严格控制机构编制，严格按规定职数配备领导干部，减少机构数量和领导职数，严格控制财政供养人员总量。推进机构编制管理科学化、规范化、法制化。

改革开放以来，我国曾先后多次进行政府机构改革，取得了一定成效。但从总体上看，在社会经济形态发生了重大变化，公有制为主体、多种所有制经济共同发展的局面已经形成，初步建立起了社会主义市场经济体制框架的新形势下，政府改革需要进一步深化，行政效率和依法行政水平尚待进一步提高，最终需要建立起一个具有全球竞争力的高效的服务型政府。

深阅读

1. 中共中央宣传部编：《习近平总书记系列重要讲话读本》，学习出版社、人民出版社 2014 年版。

2. 逄锦聚：《进一步处理好政府和市场的关系》，2013 年 12 月 6 日《光明日报》。

第五章　坚持和完善基本经济制度

我国发展的市场经济，是建立在公有制为主体、多种所有制经济共同发展的基本经济制度之上的，这是我国市场经济的最大特点。为保证社会主义市场经济的健康发展和社会主义市场经济体制的不断完善，就需要坚持并不断完善基本经济制度。

第一节　基本经济制度来之不易

一、基本经济制度确立的依据

基本经济制度是整个社会制度的基础，实行什么样的基本经济制度，不是凭空想象出来的，而是由我国社会主义性质和社会主义初级阶段的基本国情决定的。

第一,我国是社会主义国家,这是多少代人艰苦探索、用生命和鲜血的代价换来的结果。社会主义必须发展社会化大生产,一切为人民,逐步达到共同富裕,所以必须坚持公有制作为社会主义经济制度的基础。

第二,我国还是发展中的社会主义国家,处于社会主义初级阶段,生产力发展不平衡、多层次。与这种状况相适应,需要在公有制为主体的条件下发展多种所有制经济。生产资料所有制形式一定要与生产力发展的水平相适应,才能促进生产力迅速发展,反之对生产力发展就会起阻碍作用。与生产力发展状况相适应,我国公有制经济只能在经济中占据主体地位,不能成为社会经济的唯一形式,这就需要多种所有制经济共同发展,即在公有制经济发展的同时,鼓励非公有制经济共同发展,以促进生产力的迅速提高。

第三,公有制为主体、多种所有制经济共同发展,已是我国现实经济中客观存在的事实,并且已为实践证明,这种基本经济制度,有利于社会生产力的发展、有利于综合国力的增强和人民生活水平的提高,必须继续坚持并在实践中不断完善这种制度。

二、基本经济制度确立的过程

社会主义究竟实行什么样的基本经济制度,我们经历了长期的探索。

在过去很长一段时间,由于认识上的偏差,我们在实践中曾脱离我国生产力的发展状况,急于建立单一的公有制经济,急于扩大全民所有制经济的比重,其间虽然也做过一些调整,但直到1978年改革开放之前,单一公有制的所有制格局没有根本的改变。

改革开放以来,我们立足基本国情,总结社会主义建设正反两方面的经验,围绕完善社会主义初级阶段基本经济制度进行了不懈探索,认识不断发展和深化。党的十五大正式把公有制为主体、多种所有制经济共同发展确立为我国社会主义初级阶段的基本经济制度。十六大提出"必须毫不动摇地巩固和发展公有制经济","必须毫不动摇地鼓励、支持和引导非公有制经济发展"。十七大强调坚持平等保护物权,形成多种所有制经济平等竞争、相互促进新格局。十八大强调要完善以公有制为主体多种所有制经济共同发展的基本经济制度。

在以上认识的基础上,党的十八届三中全会《决定》还对基本经济制度作了新的阐述:一是强调"公有制为主体、多种所有制经济共同发展的基本经济制度,是中国特色社会主义制度的重要支柱,也是社会主义市场经济体制的根基",突出了基本经济制度的重要地位。二是强调"公有制经济和非公有制经济都是社会主义市场经济的重要组成部分,都是我国经济社会发展的重要基础"。这突出了促进多种所有制共同发展的重大意义,肯定了公有制经济和非公有制经济在发展经济、促进就业等方面具有同等重要的作用。三是强调"完善产权保护制度","积极发展混合所有制经济","推动国有企业完善现代企业制度","支持非公有制经济健康发展",指明了国有企业和非公有制经济改革和发展的方向。

第二节　毫不动摇巩固和发展公有制经济

一、公有制及其实现形式

公有制就是生产资料归劳动者共同所有的所有制形式。所谓公有制实现形式，是指公有资产的组织形式和经营方式，是公有制经济在社会生活中的具体体现。在社会主义市场经济条件下，公有制的实现形式可以而且应当多样化，一切反映社会化生产规律的经营方式和组织形式都可以而且应该大胆利用。现阶段，我国社会主义公有制经济的实现形式主要包括以下几种：

一是国有经济。国有经济就是归全民所有的经济。国有经济是我国国民经济的支柱，是国家的经济命脉，在国民经济中起主导作用。此外，国有经济广泛地承担着两类社会责任：一是帮助政府调控经济，二是作为保证社会公平的经济基础。国有经济的企业组织形式是国有企业。

媒体链接

中国铁路总公司是我国众多国有企业中具有代表性的一家。中国铁路总公司是经十二届全国人大一次会议和国务院批准，于 2013 年 3 月 14 日依据《中华人民共和国全民所有制工业企业法》设立的由中央管理的国有独资企业。中国铁路总公司机关设置 20 个内设机构，下设 18 个铁路局、3 个专业运输公司等企业，所管辖的铁路营业里程达 97840 公里，职工总数 204.56 万人，资产总额 46631.59 亿元。像中国铁路总公司这样的大型国有企业，其经营状况的好坏直接关系到国民经济能否健康运转。

——据《2013 离开铁道部的日子》，2014 年 3 月 9 日和讯网

二是集体经济。集体经济，是指生产资料归部分劳动者共同所有的一种公有制经济形式。发展集体经济可以克服个体经济力量单薄无力抵御自然灾害和意外事故的弱点。集体经济还可以广泛地吸收社会分散资金，缓解就业压力，增加公共积累和国家税收。支持、鼓励和帮助城乡多种形式集体经济的发展，对发挥公有制经济的主体作用意义重大。

媒体链接

河南省西平县棠溪源绿果专业合作社以晚秋黄梨为支柱产业，提供种植、技术培训、统一销售等服务，合作社成员从组建初期的 10 多户发展到现在的 200 多户，2013 年，合作社为社员和广大农民群众供应优质化肥 1000 余吨，病虫害防治 3000 余亩，同时通过从果园到超市的顺利对接，实现销售 1400 多万元，利润 33 万元，助农增收 96 万余元，受到广大社员的一致好评。棠溪源绿果专业合作社正是我国集体经济蓬勃发展的一个缩影。

——据《河南西平县专业合作社实现共赢发展》，2014 年 12 月 2 日中国农民合作社信息网

三是混合所有制经济中的国有成分和集体成分。发展

股份制等形式的混合所有制经济，一方面可以使国有资本放大功能、保值增值、提高竞争力，另一方面可以让各种所有制资本取长补短、相互促进、共同发展。深圳能源集团股份有限公司就是一个实行股份制的典型混合所有制企业。

背景链接

深圳能源集团股份有限公司前身系深圳能源投资股份有限公司，成立于1993年1月，2008年4月7日正式更名为深圳能源集团股份有限公司。深圳能源集团股份有限公司现有总股本为2642994398股，其中深圳市人民政府国有资产监督管理委员会持有1264000517股，占总股本的47.82%，华能国际电力股份有限公司持有661161106股，占总股本的25.02%，其他股东持有717832775股，占总股本的27.16%。

——据深圳能源集团股份有限公司简介，深圳市国资委网站

二、坚持公有制的主体地位

坚持公有制为主体、多种所有制经济共同发展的基本经济制度，既不搞全盘私有化，也不搞单一公有制，这是我们从长期社会主义经济建设和改革开放实践中总结得出的重要结论。公有制的主体地位主要体现在：公有资产在社会总资产中占优势；国有经济控制国民经济命脉，对经济发展起主导作用。

一是公有资产在社会总资产中占优势。包括两个方面：

一方面公有资产要在关键性的涉及国民经济命脉、战略全局和发展方向的生产资料上占优势;另一方面是公有资产要在先进的具有导向性、控制性的生产资料上占优势,并且不断提高进步发展壮大。这样,公有制经济才能控制国民经济命脉,对国民经济发展起主导作用,具有强大的控制力、影响力和带动力。

二是国有经济控制国民经济命脉,对经济发展起主导作用。为了发挥国有经济矫正市场机制不足和保证国民经济持续稳定协调发展、巩固和完善社会主义制度的职责,国有经济应主要集中于能源、交通、通讯、金融等关系国民经济命脉的重要行业和关键领域,在这些行业和领域中,国有经济应该有较强的控制力,国有资本要保持独资和绝对控股或有条件的相对控股。

三、更好发挥国有经济主导作用

2014 年 7 月 7 日《财富》杂志公布了 2014 年世界 500 强企业排行榜,中国上榜公司数创纪录地达到 100 家。在上榜的 100 家中国企业中,中国石油化工集团、中国石油天然气集团公司、国家电网公司 3 家企业进入 500 强企业前十之列;中石化更是取代了埃克森美孚,在榜上排名第三,打破了该公司与沃尔玛和壳牌三足鼎立的历史。位列榜单前十的这 3 家中国企业均是国有及国有控股企业。无独有偶,2014 年 9 月 2 日,中国企业联合会、中国企业家协会发布的 2014 中国企业 500 强榜单显示,排名前 37 位中国 500 强企业均为国企。正如党的十八届三中全会所指出的,国有企业属于全民所有，是推进国家现代化、保障人民共同利益的重要力量。

经过多年的改革探索，国有企业总体上已经同市场经济相融合。但值得注意的是，国有企业在发挥重要作用的同时，也存在体制不顺、管理不善、活力不强、效率亟待提高等问题。为继续将国有企业做大做强，更好地发挥国有经济主导作用，更好地发挥其控制力、影响力和带动力，要做到：

一是规范经营决策，资产保值增值。完善国有资产管理体制，是实现国有企业规范经营决策和资产保值增值的保证。要以管资本为主加强国有资产监管，改革国有资本授权经营体制，组建若干国有资本运营公司，支持有条件的国有企业改组为国有资本投资公司。要建立长效激励约束机制，强化国有企业经营投资责任追究。要探索推进国有企业财务预算等重大信息公开。要完善国有资本经营预算制度，提高国有资本收益上缴公共财政比例，更多用于保障和改善民生。

二是公平参与竞争，承担社会责任。一方面，在国有资本继续控股经营的自然垄断行业，要实行以政企分开、政资分开、特许经营、政府监管为主要内容的改革，根据不同行业特点实行网运分开、放开竞争性业务，推进公共资源配置市场化；进一步破除各种形式的行政垄断。另一方面，国有资本投资运营要服务于国家战略目标，更多投向关系国家安全、国民经济命脉的重要行业和关键领域，重点提供公共服务、发展重要前瞻性战略性产业、保护生态环境、支持科技进步、保障国家安全；在准确界定不同国有企业功能的基础上，国有资本要加大对公益性企业的投入，在提供公共服务方面作出更大贡献。

三是提高企业效率，增强企业活力。健全协调运转、有效制衡的公司法人治理结构是提高国有企业经营效率、增强国有企业竞争活力的关键。第一，要建立职业经理人制度，更好发挥企业家作用。第二，要深化企业内部管理人员能上能下、员工能进能出、收入能增能减的制度改革。第三，要合理增加市场化选聘比例，合理确定并严格规范国有企业管理人员薪酬水平、职务待遇、职务消费、业务消费。

第三节　毫不动摇鼓励、支持、引导非公有制经济发展

一、非公有制经济的类型

我国处于社会主义初级阶段的基本国情，决定了我国在坚持公有制为主体的基础上，还要毫不动摇鼓励、支持、引导非公有制经济发展，激发非公有制经济活力和创造力。目前，我国的非公有制经济主要包括个体经济、私营经济、外资经济以及混合所有制经济中的非公有成分。

个体经济，是指由劳动者个人或家庭占有生产资料，从事个体生产和经营的一种私有制经济形式。个体经济的劳动成果直接归劳动者所有和支配。个体经济规模小、投资少、设备简单、经营灵活，适应性强，可谓“船小好调头”。现阶段，在利用社会闲散资源、发展小商品生产、保存和发展传统技艺、方便人民生活以及增加劳动就业等方面，个体经济发挥着不可替代的作用。2012 年，我国个体户数为 4059.27 万户，个体就业人数达 8628.3 万人。

私营经济，是以生产资料私有和雇佣劳动为基础，以取得利润为目的的一种私有制经济形式。私营经济的存在和发展，可以集中和利用一部分私人资金，吸收一部分劳动者就业，增加劳动者个人收入和国家财政收入。同个体经济相比，私营经济规模较大，有较先进的设备，对提高国家的综合经济实力有一定的积极作用。2012 年，我国私营企业户数为 1085.72 万户，私营企业就业人数达 11296.1 万人。

外资经济，主要包括外国投资者和我国港澳台地区投资者根据我国法律法规，在我国大陆地区设立的独资经营企业、中外合资经营企业、中外合作经营企业中的外商资本部分。允许外资经济发展，有利于引进境外的资金和先进技术，学习境外的先进管理经验；有利于扩大就业，扩大出口，增加财政收入。2013 年，我国签订外商直接投资项目 22773 个，实际利用外资额 1187.21 亿美元，外商投资企业进出口总额达 19184.0258 亿美元，占我国进出口总额的 46.1％。

二、非公有制经济的地位和作用

改革开放以来，我国非公有制经济由小到大，由弱到强，在支撑增长、促进创新、扩大就业、增加税收等方面发挥了重要作用，成为我国经济社会发展的重要方面军。

首先，非公有制经济是支撑增长的重要力量。非公有制经济在数量、规模上都保持了较快增长，极大地丰富了市场经济主体，活跃了各类商品市场和要素市场，促进了我国经济平稳较快发展。2012 年，非公有制经济对经济增长的贡献率已超过 60%。

其次，非公有制经济是促进创新的重要载体。非公企业具有体制灵活、经营高效的特点，已经成为我国技术改造、产品创新、科技成果转化的重要基地。据统计，我国 65%左右的发明专利、70%左右的技术创新和 80%以上的新产品，都是由非公有制经济创造的。

再次，非公有制经济是扩大就业的重要渠道。非公有制经济在解决城镇无业人员、农村剩余劳动力、高校毕业生、国企改制分流人员等群体就业方面发挥了不可替代的作用。非公有制经济吸纳了 80%的城镇就业人员和 90%的新增就业人员，为 1.8 亿以上的从业人员提供了主要的工资性收入，带动 3.6 亿以上的家庭人口解决了生计问题。

最后，非公有制经济是增加税收的重要来源。近年来，我国财政收入连年大幅增长，国家财政实力显著增强，这对实施积极的财政政策，拉动国民经济持续健康发展，促进各项社会事业发展，发挥了重要作用。在国家财政增收中，来自非公有制经济创造的税收已达 69%左右。

三、鼓励、支持和引导非公有制经济发展

对于非公有制经济，国家实行鼓励、支持和引导其发展的方针，同时“坚持权利平等、机会平等、规则平等”，为其发展创造良好的环境。贯彻这样的方针，需要做以下工作：

一是废除对非公有制经济各种形式的不合理规定。改革开放以来，我国出台了一系列鼓励和支持非公有制经济发展的方针政策，这些政策极大促进了非公有制经济健康发展。但实践中仍然存在政策落实不力的问题，有些地方还存在一些阻碍非公有制经济发展的歧视性政策和不合理规定。鉴于此，国家提出实行统一的市场准入制度，在制定负面清单基础上，各类市场主体可依法平等进入清单之外领域，实施“非禁即入”、“法无禁止皆可为”，这将进一步扫清影响非公有制经济发展的制度障碍，极大拓展非公有制经济发展的空间。

二是消除非公有制经济健康发展的各种隐性壁垒。伴随着社会主义市场经济体制的不断完善，非公有制经济发展的政策环境显著改善，各种阻碍非公有制经济发展的显性规定正在逐步废除，但在实际操作过程中，仍然存在着诸多隐性壁垒。《中共中央关于全面深化改革若干重大问题的决定》提出“消除各种隐性壁垒”，将消除非公有制经济发展障碍上升到了实际操作层面，有助于打破“玻璃门”、“弹簧门”、“旋转门”现象，必将极大焕发和增强非公有制经济的生机与活力。

三是制定非公有制企业进入特许经营领域具体办法。当前我国特许经营领域主要集中在供水、供气、供热、垃圾污

水处理及公共交通等直接关系社会民生和涉及公共资源配置的市政公用行业。制定非公有制企业进入特许经营领域具体办法，增强特许经营领域透明度和规范度，提升非公有制企业进入特许经营领域的可操作性，将有效消除导致非公有制企业不愿、不想、不敢进入特许经营领域的约束，拓展非公有制经济发展的领域。

四是鼓励非公有制经济参与国有企业改革。实践证明，国有企业改革做得比较好的地方，也是非公有制经济发展比较活跃的地方，非公有制经济和公有制经济的共赢发展，为社会主义市场经济创造了多元市场主体互相竞争、充满活力的体制环境。所以要鼓励非公有制经济参与国有企业改革，这有利于进一步深化国有企业改革，增强国有经济的活力，推进公有制经济与非公有制经济协调发展。

五是鼓励发展非公有资本控股的混合所有制企业。混合所有制经济是社会主义市场经济的重要内容，是中国特色社会主义所有制的有效实现形式。《中共中央关于全面深化改革若干重大问题的决定》提出“鼓励发展非公有资本控股的混合所有制企业”，“允许更多国有经济和其他所有制经济发展成为混合所有制经济”，赋予非公有制经济控股权利，可进一步推动非公有制经济与公有制经济的深度融合和有机统一。

六是鼓励有条件的私营企业建立现代企业制度。我国绝大多数私营企业存在企业产权不明晰、法人治理结构不科学、管理制度不合理等问题。这些问题严重制约企业长远发展，实现企业制度现代化迫在眉睫。《中共中央关于全面深化改革若干重大问题的决定》提出“鼓励有条件的私营企业建立现代企业制度”，可促进非公有制企业构建与市场经济相适应的科学化、规范化的现代企业组织制度和管理制度，进一步提升非公有制经济的发展能力和水平，实现非公有制经济的持续健康发展。

第四节 坚持和完善基本经济制度

一、基本经济制度的重要实现形式

混合所有制经济，是指在社会经济形态中，不同的产权主体多元投资、互相渗透、互相贯通、互相融合而形成的新的产权配置结构和经济形式。在我国社会主义市场经济中，国有资本、集体资本、非公有资本等交叉持股、相互融合的混合所有制经济，是基本经济制度的重要实现形式。

发展混合所有制经济，有利于国有资本放大功能、保值增值、提高竞争力，有利于各种所有制资本取长补短、相互促进、共同发展，有利于壮大国有经济。习近平总书记在关于全会《决定》的说明中强调，积极发展混合所有制经济，“是新形势下坚持公有制主体地位，增强国有经济活力、控制力、影响力的一个有效途径和必然选择”。混合所有制经济是推动国企改革的有效财产组织形式，其中孕育着新的公有制组织形态。当前国企改革，特别是大型国企改革效果不理想，虽然几年前就指出“攻坚战”的改革任务，但客观现实是“久攻不下”。究其原因，难以找到合适的所有制形式是重要原因之一。混合所有制经济能够比较好地适应现代社会化大生产的要求,有助于各种经济形式合作和协同发展,有利于提高资源配置效率。

发展混合所有制经济,为非公有资本参与国有企业改革改组、与其他资本平等竞争进一步指明了方向。特别是有利于鼓励有条件的私营企业建立现代企业制度,使企业走上管理规范化轨道。许多民营企业是从小企业起来的,它带有小生产者的意识,不适合现代企业发展潮流。因此,鼓励民营企业打破家族制的范围,走向混合经济道路,让其他经济成分进来,建立适合于家族企业的现代企业治理结构和机制,是现阶段我国私营企业实现更大发展的必然选择,更有利于民营企业的发展、壮大,也是进一步促进我国非公有制经济健康发展的重要基础。今后要引导和鼓励有条件的私营企业利用产权市场,引进国有资本或其他社会资本,改善企业股权结构。鼓励发展非公有资本控股的混合所有制企业,积极利用资本市场,吸引更多的民营企业改制上市,使企业走上管理规范化轨道。

发展混合所有制经济,是针对传统所有制结构的弊端和转轨中存在的问题、适应建立完善的社会主义市场经济体制而提出来的。

在传统的计划经济体制时期,人们曾把社会主义经济看成"纯而又纯"的单一的公有制经济,非公有制经济被视为与公有制经济格格不入的"异己力量"。改革开放以来,个体、私营等非公有制经济从无到有,从允许存在到定位"有益补充"和"重要组成部分"。党的十四大确立了建立社会主义市场经济体制的改革目标。党的十四届三中全会阐述了市场经济条件下以股份制为特征的混合所有制经济发展的必然趋势，指出随着产权流动和重组，财产混合所有的经济单位越来越多，将会形成新的财产所有结构。党的十五大确立了社会主义初级阶段的基本经济制度，第一次提出混合所有制经济概念，阐述了公有制和混合所有制的关系。党的十五届四中全会进一步提出，国有大中型企业尤其是优势企业，宜于实行股份制的，要通过规范上市、中外合资和企业互相参股等形式，改为股份制企业，发展混合所有制经济，重要的企业由国家控股。党的十六大明确提出，除极少数必须由国家独资经营的企业外，其他国有企业都应该积极推行股份制，发展混合所有制经济。党的十六届三中全会提出，要适应经济市场化不断发展的趋势，进一步增强公有制经济的活力，大力发展国有资本、集体资本和非公有资本等参股的混合所有制经济，实现投资主体多元化，使股份制成为公有制的主要实现形式。党的十七大提出，以现代产权制度为基础，发展混合所有制经济。这次《决定》更为明确地提出，积极发展混合所有制经济，并强调国有资本、集体资本和非公有资本等交叉持股、相互融合的混合所有制经济是基本经济制度的重要实现形式。这是在新形势下探索公有制经济和市场经济相结合有效形式的成果，既与以往论述一脉相承，又结合实际实现了新的突破和发展，反映了经济市场化深入发展的客观要求，必将有力地推动混合所有制经济的发展，进一步完善基本经济制度。

二、积极发展混合所有制经济

积极发展混合所有制经济，要允许更多国有经济和其他所有制经济发展成为混合所有制经济。着力改善国有企业股本结构，实现投资主体和产权多元化。支持民营企业和外资企业等非公有制企业通过参股参与国有企业的改制重组。推动民营企业引进国有资本或其他社会资本，优化产权结构。

积极发展混合所有制经济，要允许混合所有制经济推行企业员工持股，形成资本所有者和劳动者利益共同体，充分调动员工的积极性，分享企业发展的成果。

积极发展混合所有制经济，切忌陷入“一混就灵”的误区。混合所有制经济，也只是国企改革和发展的一种手段，不是唯一方法，不能为了混合而混合。发展混合所有制经济，是为了国有企业的改革，为了扩大国有资本的支配范围，增强国有经济的控制力。发展混合所有制经济，在“混合”时，绝对不能单纯地进行外部简单的叠加，一定要注重内部的融合、互补。发展混合所有制经济，要在国有经济的增量上进行，不能使国有经济大规模减持，大规模撤资。发展混合所有制经济，决不能成为某些人寻租的方式，决不能为了个人利益大规模抛售优质国有资产。

积极发展混合所有制经济，要坚持实践的一点观点，在实践中不断探索，不断总结遇到的问题，探索解决问题的办法，不断前进。

深阅读

1. 习近平:《关于〈中共中央关于全面深化改革若干重

大问题的决定〉的说明》,《习近平谈治国理政》,外文出版社2014 年版。

2. 王勇:《完善各类国有资产管理体制》,《十八大报告辅导读本》,人民出版社 2012 年版。

第六章　加快完善现代市场体系建设

市场在资源配置中决定性作用的发挥，要以完善的、统一开放、竞争有序的市场体系为基础。走向社会主义市场经济，必须加快形成企业自主经营、公平竞争，消费者自由选择、自主消费，商品和要素自由流动、平等交换的现代市场体系，着力清除市场壁垒，提高资源配置效率和公平性。

第一节　发展各类市场，完善现代市场体系

一、日常生活提出的难题

在日常的生产、生活中，经常遇到一些令人着急的事情。张三开了一家饭馆，想聘请几位手艺高的厨师，但找了几个月也没有找到合适的，没有法子，只好找来两位手艺一般的凑合，结果客人明显不如对面餐馆多，生意不如人家的红火。李四办了一家生产电子玩具的企业，前几年出口很好，但2008年以后，遇到世界经济不景气，出口订单没有，想转产需要一笔不小的资金，向银行贷款贷不到，上市融资又不批准，企业几乎濒临破产。

这两件事情，反映出同一个问题，就是我国的市场不够发达，现代市场体系不够完善，其中前一个涉及的是劳动力

市场，后一个涉及的是金融市场和资本市场。

二、什么是完善的市场体系

发展社会主义市场经济，需要发达的市场和完善的市场体系，单个的市场称市场，若干个市场合在一起称市场体系。现代市场体系不仅包括消费品和生产资料等商品市场，而且包括资本市场、劳动力市场、技术市场、信息市场、产权市场以及房地产市场等生产要素市场。其中，商品市场、资本市场和劳动力市场是现代市场体系的核心。

商品市场是社会主义市场体系的基础，是国民经济中物质商品与服务交易的基本场所和主要形式。商品市场的组织形式种类很多，按照商品的用途分类，可以分为消费品市场和生产资料市场。在市场经济发展过程中，发展商品市场是一个重要的任务。

在发展商品市场的同时，要大力发展生产要素市场。金融市场在生产要素市场中处于重要地位，没有发达的金融市场，就没有发达的市场经济，发展社会主义市场经济，必须建立和完善金融市场。金融市场可分为提供短期资金融通的货币市场和提供长期运营资本的资本市场。货币市场要发展规范的银行同业拆借和票据贴现，中央银行开展国债买卖。资本市场要积极稳妥地发展债券、股票融资。同时，还应该积极探索丰富资本市场产品，利用多种多样的融资工具和投资工具，如债券中除国债外还有市政债、公司债、住房抵押证券化债等，以及金融衍生产品。当然，金融衍生产品虽然具有增加市场的灵活性、价格发现功能和控制风险的功能，但需要较高的驾驭能力，所以要在探索过程中，努力提高对其的控制和驾驭水平，以避免可能发生的风险。要完善金融市场体系。扩大金融业对内对外开放，在加强监管前提下，允许具备条件的民间资本依法发起设立中小型银行等金融机构。推进政策性金融机构改革。健全多层次资本市场体系，推进股票发行注册制改革，多渠道推动股权融资，发展并规范债券市场，提高直接融资比重。完善保险经济补偿机制，建立巨灾保险制度。发展普惠金融。鼓励金融创新，丰富金融市场层次和产品。完善人民币汇率市场化形成机制，加快推进利率市场化，健全反映市场供求关系的国债收益率曲线。推动资本市场双向开放，有序提高跨境资本和金融交易可兑换程度，建立健全宏观审慎管理框架下的外债和资本流动管理体系，加快实现人民币资本项目可兑换。

技术和信息市场是市场体系的重要组成部分。随着世界科技革命的发展，科学技术和信息作为重要的生产要素，其作用日益突出。实践证明，技术和信息市场是促进科研与生产结合的纽带，发展技术和信息市场，可以使科研单位的科技成果及时向商品转化，为经济建设服务，同时也强化了这些单位的实力，大大促进社会主义市场经济的发展。要发展和完善技术和信息市场，必须引入竞争机制，保护知识产权，实行技术成果有偿转让，实现技术产品和信息商品化、产业化；必须采取鼓励、扶植政策，吸引企业进入技术市场，完善技术、信息交易法规，加强技术、信息市场的管理。建立健全鼓励原始创新、集成创新、引进消化吸收再创新的体制机制，健全技术创新市场导向机制，发挥市场对技术研发方向、路线选择、要素价格、各类创新要素配置的导向作用。建立产学研协同创新机制，强化企业在技术创新中的主体地位，发挥大型企业创新骨干作用，激发中小企业创新活力，推进应用型技术研发机构市场化、企业化改革，建设国家创新体系。

劳动力市场是市场体系不可或缺的重要部分。劳动力市场能够促进劳动力的合理流动和布局，把市场经济资源配置的功能和分配机制的作用落实在劳动力流动过程。劳动力市场的主要价格信号是工资，它调节着劳动力市场的供求。各类劳动力市场如人才招聘会、职业介绍所、专门网站等都是劳动力市场的具体形式。我国劳动力资源丰富，就业压力大，因此，要通过积极发展劳动力市场来扩大劳动人口的就业和择业的范围，促进劳动力的合理流动，发展社会主义市场经济。

房地产市场是我国市场体系的重要组成部分。发展和完善房地产市场，对于加快我国城市化进程、带动相关产业、促进居民消费结构调整等方面都有积极的推动作用。我国地少人多，必须十分珍惜和合理使用土地资源，加强土地管理，切实保护耕地，严格控制农业用地转为非农业用地。土地国有制是我国的优势，国家要管好土地市场，建立正常的土地使用权价格的市场形成机制。要加快城镇住房制度深层改革，促进住房商品化和住房建设的健康发展。建立城乡统一的建设用地市场。在符合规划和用途管制前提下，允许农村集体经营性建设用地出让、租赁、入股，实行与国有土地同等入市、同权同价。缩小征地范围，规范征地程序，完善对被征地农民合理、规范、多元保障机制。扩大国有土地有偿使用范围，减少非公益性用地划拨。建立兼顾国家、集体、个人的土地增值收益分配机制，合理提高个人收益。完善土地租赁、转让、抵押二级市场。

媒体链接

把农民“箱底”变成“真金白银”
潍坊助农借地生财

本报记者　徐锦庚　潘俊强

春节期间，山东潍坊市光合庄园公司的总经理杨猛也没闲着，这些日子一直挽着裤腿，在大棚里和农民一起栽种西瓜苗。“这 130 多个西瓜大棚，是俺用承包土地抵押贷款盖起来的，俺得多上点心。”杨猛搓着手上的泥说。

去年 11 月底，杨猛从潍坊银行贷款 60 万元，这是潍坊市首笔农业企业土地承包经营权证抵押贷款。迄今，潍坊以土地承包经营权证抵押获取的贷款已有 24 笔，共计 300 多万元。

此前，潍坊已对 7523 个村土地承包经营权确权登记颁证，发证户数 149.2 万户，占应确权户数的 99.8%，土地确权颁证给农民吃了一颗“定心丸”。

“权证到手了，产权明晰了，并不是让农民压在箱底藏起来，而是让农民拥有的生产要素、财产权利自由有序流动，促其变现、增值，使农村发展的活力渐次迸发。”潍坊市委书记杜昌文说。

唤醒农村沉睡的土地财富，既让进城务工农民从土地上解脱出来，放心流转土地、专心创业，又给新型农业经营主体培育创造有利条件。

设在潍坊市寒亭区的齐鲁农村产权交易中心，是全省唯一的省级综合性农村产权交易机构，目前已在各县市区设立15个分中心和134个乡镇(街道)办事处，实现农村产权交易服务体系全覆盖。打开交易中心网站，供求信息历历在目：安丘市景芝镇东朱耿村出租土地173亩、全鲁科润公司欲在诸城市承租200亩土地用于种植……“以前农民想流转土地找不到买家，工商资本下乡扶持农业发展找不到理想地块，这种供需不对接的局面一去不复返了。”齐鲁农村产权交易中心经理李英华说。

土地股份合作社等新型农业经营主体推出的土地入股，也成为潍坊农民喜爱的投资方式。寿光市上口镇付二村村民孙国兴尝到了甜头，他凭家里的3亩地，去年获利5万多元：土地流转费4000多元；作为村里的欣航蔬菜专业合作社职业农民，年收入3万元；按口粮田每人6分地为一股分红，5口人共分红1.75万元。

截至目前，潍坊市农民合作社达到16667家，土地股份合作社340家，家庭农场4096家。这些新型农业经营主体，让农民手中的土地权证变出更多的“真金白银”。

——2015年2月23日《人民日报》

产权市场是能够提供企业产权交易等各类服务的市场。

产权市场的发展能够活跃企业产权交易，丰富企业配置要素的方式，降低产权重组成本，有利于建立优胜劣汰机制，优化存量资源的配置，促进企业改革、产业结构的优化调整和行业的整合。要加快发展和规范产权市场。

随着经济的发展和改革的深化，还会出现多种新型的市场，要善于发现和培育新的市场形式，不断完善社会主义市场经济的市场体系。

第二节　建立公平开放透明的市场规则

一、社会主义市场经济是法治经济

在日常的生产、生活中，不仅个人经常遇到一些令人着急的事情，就连国家和地方也存在一些叫人哭笑不得的事情。

北京和天津是我们国家的两个大直辖市，相隔一百多公里路，汽车大致跑两个小时，乘高铁大约半个小时就可以到达。就是这样两个近在身边鸡犬之声相闻的城市，在改革开放之前和改革开放初期，几乎是老死不相往来。以外贸出口为例，天津的港口很大，北京没有海港，按说北京出口的商品从天津港走，应该是省时、省力、最划算。但天知道是什么原因，北京每年的出口货物量从天津港走的有限，而有相当的部分则从更远的上海、青岛出口。在那时的北京和天津之间，似乎隔着一堵看不见的墙。这样的墙不仅在北京天津之间有，在不少的省市之间也有，这个省的卷烟不得运进那个省，那个省的粮食不得运出这个省……现在明白了这堵看不见的墙，就是行政分割，就是市场壁垒，就是对市场规则和市场秩序的否定和扭曲。

社会主义市场经济是效率经济、法治经济。要保证市场经济的资源配置效率，必须建立和完善市场规则和市场秩序。

二、建立和完善市场规则和市场秩序

市场规则就是以法律、法规和信用等形式规定或表现出来的市场行为规范和准则，主要包括市场进入与退出的规则、市场竞争规则、市场交易规则、市场仲裁规则等。

市场秩序就是由市场经济的制度安排、法律体系和社会观念等所规范、形成和保持的经济运行的有序状态，主要包括市场主体秩序和市场交易秩序。市场规则、市场秩序与市场的有效性有密切的关系，必须建立、完善和有效执行。

我国的市场经济是在计划经济和自然经济成分较多的情况下开始发展的，在发展的进程中，难免会发生市场规则不健全、市场秩序出现某些混乱的现象，上述行政区划之间的壁垒就是其中一例。另外，令人深恶痛绝的商品伪冒假劣、市场中的恐蒙拐骗，以及竞争中的虚假广告、垄断等等，都是市场规则市场秩序不健全不规范的表现和后果。所以加强市场规则市场秩序改革和建设，是发展社会主义市场经济的重要任务和迫切要求。

媒体链接

三鹿奶粉事件

三鹿奶粉事件一般指中国奶制品污染事件。2008

年中国奶制品污染事件(或称2008年中国奶粉污染事件、2008年中国毒奶制品事件、2008年中国毒奶粉事件)是中国的一起食品安全事件。事件起因是很多食用三鹿集团生产的奶粉的婴儿被发现患有肾结石,随后在其奶粉中被发现化工原料三聚氰胺。根据公布数字,截至2008年9月21日,因使用婴幼儿奶粉而接受门诊治疗咨询且已康复的婴幼儿累计39,965人,正在住院的有12,892人,此前已治愈出院1,579人,死亡4人,另截至9月25日,香港有5人、澳门有1人确诊患病。事件引起各国的高度关注和对乳制品安全的担忧。中国国家质检总局公布对国内的乳制品厂家生产的婴幼儿奶粉的三聚氰胺检验报告后,事件迅速恶化,包括伊利、蒙牛、光明、圣元及雅士利在内的多个厂家的奶粉都检出三聚氰胺。该事件亦重创中国制造商品信誉,多个国家禁止了中国乳制品进口。9月24日,中国国家质检总局表示,牛奶事件已得到控制,9月14日以后新生产的酸乳、巴氏杀菌乳、灭菌乳等主要品种的液态奶样本的三聚氰胺抽样检测中均未检出三聚氰胺。2010年9月,中国多地政府下达最后通牒:若在2010年9月30日前上缴2008年的问题奶粉,不处罚。2011年中国中央电视台《每周质量报告》调查发现,仍有7成中国民众不敢买国产奶。

2009年1月22日,河北省石家庄市中级人民法院一审宣判,三鹿前董事长田文华被判处无期徒刑,三鹿集团高层管理人员王玉良、杭志奇、吴聚生则分别被判有期徒刑15年、8年及5年。三鹿集团作为单位被告，犯了生产、销售伪劣产品罪，被判处罚款人民币4937余万元。涉嫌制造和销售含三聚氰胺的奶农张玉军、高俊杰及耿金平三人被判处死刑，薛建忠无期徒刑，张彦军有期徒刑15年，耿金珠有期徒刑8年，萧玉有期徒刑5年。

2014年，72岁高龄的田文华改判有期18年。

——百度网站

加强市场规则市场秩序改革和建设，关键是要深化经济体制改革和法制建设，搞好市场的监督和管理。

要建立公平开放透明的市场规则。实行统一的市场准入制度，在制定负面清单基础上，各类市场主体可依法平等进入清单之外领域。探索对外商投资实行准入前国民待遇加负面清单的管理模式。推进工商注册制度便利化，削减资质认定项目，由先证后照改为先照后证，把注册资本实缴登记制逐步改为认缴登记制。推进国内贸易流通体制改革，建设法治化营商环境。

要改革市场监管体系，实行统一的市场监管，清理和废除妨碍全国统一市场和公平竞争的各种规定和做法，严禁和惩处各类违法实行优惠政策行为，反对地方保护，反对垄断和不正当竞争。建立健全社会征信体系，褒扬诚信，惩戒失信。健全优胜劣汰市场化退出机制，完善企业破产制度。

落实金融监管改革措施和稳健标准，完善监管协调机制，界定中央和地方金融监管职责和风险处置责任。建立存款保险制度,完善金融机构市场化退出机制。加强金融基础设施建设,保障金融市场安全高效运行和整体稳定。

第三节　完善主要由市场决定价格的机制

一、价格是市场供求的晴雨表

在日常生活中,只要发生买卖关系,就要和价格打交道。到商场买菜,各种蔬菜都有价格,而且蔬菜价格几乎每天都会变化。到银行存款或贷款,都绕不开利率,利率有升有降,也有变化,其实利率也是一种价格——货币的价格。如果炒股,股价几乎瞬息万变,时时令人惊心动魄。

价格既简单直观,又神秘莫测。说简单直观,就是看得见算得清,价格高了对买者不利,对卖者是福音,价格低了恰好相反。说神秘莫测,就是很难搞清楚什么时候价格要涨什么时候价格要跌,似乎有什么力量在操纵价格,但又看不见摸不着。如果价格升降很容易搞得清楚,那么大妈投资股市就可能只赚不赔。

无论对价格怎么看,喜欢还是讨厌,一个基本的道理必须承认,那就是价格是市场供求的晴雨表,价格机制是最基本的市场机制。发展社会主义市场经济,完善社会主义市场经济体制,就一定要重视价格,尊重价值规律,充分发挥价格机制的作用。

二、进一步深化价格改革

在 1978 年改革开放以前的计划经济体制下,我国商品的价格从生活消费品到生产资料，都由国家定价，实行固定计划价格，价格和价格机制的作用没有发挥出来，价格对市场供求的调节作用微乎其微，对生产者积极性的刺激作用微乎其微，这是导致劳动者积极性和经济效益不高的主要原因之一。事实上，世上的商品，像天上的星星一样，数也数不清，要人为地给这么多的商品定价，既没有必要，也定不了定不好。改革开放以来，随着市场经济的发展和社会主义市场经济体制的建立，我国逐步地改革价格形成机制和管理体制，更多更好地让市场机制决定价格的高低，实践证明，效果是好的，改革开放三十多年经济的迅速发展，应该说市场功不可没。但是，改革尚未最后成功，一方面是当前的市场化进程需要推进更多领域的价格改革，另一方面在某些已经进行的改革摸索中，存在的市场化程度不够、定价机制缺乏公开透明等现象，又往往让百姓出现谈价格改革色变的涨价担忧。今后的价格改革，多是难啃的硬骨头，我们尚需继续努力。

进一步深化价格改革，主要是：

进一步推进水、石油、天然气、电力、交通、电信、环保等领域价格改革，稳步放开与居民生活没有直接关系的绝大部分专业服务价格，放开竞争性环节价格。

进一步完善农产品价格形成机制，注重发挥市场形成价格作用，使农产品价格既能反映价值又能反映供求关系，有利于促进农产品供给和需求平衡，有利于保护和调动农民生产的积极性。

进一步缩小政府定价的范围，凡是能由市场形成价格的都交给市场，政府不进行不当干预，政府定价范围主要限定在重要公用事业、公益性服务、网络型自然垄断环节。对于这些范围的定价，要提高透明度，接受社会监督。

进一步推进医药、医疗等重要领域的价格改革，使医药、医疗服务价格既有利于促进医疗事业的发展，又有效解决乱涨价的问题。

价格改革是为了切实形成一种由市场需求定价、“有升有降”的合理价格机制。价格改革难度很大，但它有利于长远，是建立市场机制必须要闯的一道坎。价格改革关乎亿万百姓利益，牵一发动全身。一方面应发挥市场的作用，让价格成为有效的信号，引导资源流向，促进市场竞争；另一方面要发挥政府调控的作用，加强事中事后监管，保护广大消费者权益，防止市场主体滥用定价权，同时还应加强价格监测、成本调查和监督检查，严肃查处各种价格违法行为，防止价格大起大落，特别要防止价格的上涨太快，真正地做到使价格改革不是损伤百姓的利益，而是惠及民生。

媒体链接

这些年，我们经历的价格改革

新华网北京 11 月 25 日电（记者陈炜伟、于佳欣）水、电、成品油、天然气、医疗等资源和产品价格，莫不与公众生活息息相关。这些年，我们经历了哪些价格改革？

【电价】为理顺电价关系，引导居民节约用电，我国从 2012 年 7 月 1 日全面试行居民阶梯电价制度。阶梯电价第一档覆盖 80％的城乡居民用户基本需求；第二档覆盖到95%的城乡居民用电；第三档针对“用电大户”实行高价政策。

今年11月，国家发展改革委公布了《关于深圳市开展输配电价改革试点的通知》，推动建立独立的输配电价体系，正式启动我国新一轮输配电价改革试点，这也是电价改革提速的重要信号。

【水价】目前，我国一些地区已经实行阶梯水价制度。2014年初，发展改革委、住建部联合发文，要求2015年底前，全国设市城市原则上要全面实行居民阶梯水价制度。推行阶梯水价制度后，各地80%的居民生活用水支出不会增加，其余约20%的居民家庭用水基本生活需求部分价格不上涨，但超出的部分将大幅上调，涨幅为50%—200%。

【成品油价格】我国于2013年3月底出台完善后的成品油价格形成机制。按照新机制，国内汽柴油价格根据国际市场原油价格变化每10个工作日调整一次，当调价幅度低于每吨50元时，不做调整，纳入下次调价时累加或冲抵。

新机制运行一年半以来，国内成品油零售价格经历了12涨17跌12次搁浅共计41轮调价周期。今年7月以来，90号汽油和0号柴油零售价格每升累计分别降低了1.11元和1.25元，国内汽柴油零售价格已普遍回落至“6元时代”。

【天然气价格】我国已于去年和今年两度调整非居民用存量气价格。按照计划，2015年非居民用存量气和增量气价格将实现并轨，非居民用气价格将逐步放开，居民生活用气也将建立阶梯价格制度。

【医药价格】为扩大医疗服务供给、缓解"看病难"，今年4月，发展改革委等部门宣布放开非公立医疗机构医疗服务价格。

今年5月，国家取消283种低价西药和250种低价中成药的最高零售价，生产企业可在西药费用日均不超过3元、中成药日均费用不超过5元的前提下自主定价。

——2014年11月25日新华网

深阅读

1.《中共中央关于全面深化改革的决定》，人民出版社2013年版。

2. 吴敬琏：《建立和完善竞争性市场体系》，2012年11月17日《南方日报》。

第七章　加快宏观调控体系建设

一个乐团需要指挥，否则各吹各调，奏不出优美的乐章；一个交通系统需要协调，否则各抢各道，很可能造成堵塞甚至事故。社会主义市场经济作为一个大系统，也需要宏观调控，否则不可能全面协调可持续发展。在社会主义市场经济中，政府作为资源配置“看得见的手”，在保证发挥市场在资源配置中起决定作用的同时，要更好地发挥其宏观调控的职能，以便引导市场发展的方向，弥补市场的缺陷和不足，促进国民经济健康发展。但如何才能达到这样的目标呢？

第一节　增强宏观调控前瞻性、针对性

一、增强宏观调控的前瞻性

宏观调控是指国家运用各种手段和政策措施对国民经济运行进行调节和控制。

古人说，没有远虑必有近忧。预则立，不预则废。根据市场情况，增强宏观调控的前瞻性，始终把握宏观调控的方向、重点和力度，着力增强宏观调控的科学性、预见性，只有这样，才能使我国经济不断规避风险，保持持续健康发展。

要加强宏观调控的前瞻性，就必须适时准确地分析把握

国内外经济发展的大势，制定科学的国家发展战略和规划，以加强对改革和发展的引导，保证国民经济发展的正确道路和方向。

对形势的准确预见和把握是科学决策的基础。要密切关注经济发展的走势，始终保持清醒的头脑，经济发展顺利避免头脑发热，遇到问题时不惊慌失措，要在科学分析形势的基础上保持宏观决策的定力。在经济全球化背景下，不仅要关注国内经济形势的走势，也要关注国际经济形势的走势，要国内国际统筹把握，运筹帷幄，不为一时现象所惑，不为困难所吓倒。要注意，每当中国经济发展的关键时刻，国外舆论往往评头品足，捧杀者有，"崩溃论"喝倒彩者也有，我们要胸中有数，不同声音可以仔细听，但决策不为别人所忽悠，不为国外舆论所左右，要从中国的实际出发，做中国人民拥护、促进经济健康发展、为中国人民谋利的好事情。

国家发展战略和规划对于宏观调控具有极其重要的导向意义，要立足于我国长期处于社会主义初级阶段这个最大的现实，坚持以经济建设为中心，制定好发展战略和发展规划。国家发展战略和规划应该着眼于完善和发展中国特色社会主义制度、解放和发展社会生产力、增强社会活力，以促进社会公平正义、增进人民福祉，实现中华民族伟大复兴的中国梦。

在过去的改革发展中，我们曾制定中长期发展战略，从"四个现代化"到"三步走"的战略，再到"小康社会"和"新三步走战略"，再到"科学发展观"和"全面建成小康社会"的战略目标和思想，体现出我国发展战略从单一型向综合型的转变，从理想型向务实型的转变，从以GDP为中心向以社会的全面发展转变，体现了国家战略思想与时俱进、不断成熟。党的十八大提出全面建成小康社会和全面建成民主富强文明的社会主义现代化国家“两个百年”目标，并提出全面深化改革，要在全面建设小康社会目标的基础上努力实现新的要求，要求经济持续健康发展，人民民主不断扩大，文化软实力显著增强，人民生活水平全面提高，资源节约型、环境友好型社会建设取得重大进展，并就每一个目标提出更加具体的要求。这对我国二十一世纪上半叶的改革发展和现代化建设指出了明确的方向道路，也为如何进行宏观调控提供了明确导向，充分体现了宏观决策的科学性和前瞻性。

二、增强宏观调控的针对性

通常说，到哪山砍哪柴，过哪河脱哪鞋，一把钥匙开一把锁，讲的都是解决问题要从实际出发，增强针对性。

增强宏观调控的针对性，就是要在准确把握国民经济发展实际的基础上，制定符合实际的宏观调控政策，采取合适的力度和节奏，对经济进行有的放矢的宏观调控。其内涵不仅包括宏观调控措施的精密设计，还包括宏观调控政策有序实施。

增强宏观调控的针对性，首先要精密设计宏观调控政策，提高宏观政策的精细化水平。宏观调控政策的制定应该是问题导向的，要细心观察全面改革和发展中面临的各种问题，在充分认识和把握市场运行规律的基础上，以重大问题为导向，精心思考如何引导和干预经济的运行，弥补和纠正市场的缺陷，针对不同的经济形势确定是实行松的、紧的还是中性的宏观调控政策，从而使市场这只“看不见的手”和政府这只“看得见的手”相互补充，相互配合，促进经济的稳定健康发展。

2014年，针对我国经济进入“新常态”和世界金融危机后国际经济出现的新态势，我国在确定稳增长、调结构、促改革的方针的同时，提出经济工作的六项主要任务：切实保障国家粮食安全、大力调整产业结构、着力防控债务风险、积极促进区域协调发展、着力做好保障和改善民生工作、不断提高对外开放水平。为完成这六个任务，国家出台了一系列宏观调控政策，充分体现了宏观调控的针对性。

声音

习近平：中国经济呈现出新常态

中国经济呈现出新常态，有几个主要特点：一是从高速增长转为中高速增长。二是经济结构不断优化升级，第三产业消费需求逐步成为主体，城乡区域差距逐步缩小，居民收入占比上升，发展成果惠及更广大民众。三是从要素驱动、投资驱动转向创新驱动。

——习近平在APEC工商领导人峰会开幕式上的主旨演讲，据2014年11月9日人民网

增强宏观调控的针对性，既要注意调控国民经济总供给、总需求的总量，同时也要注意调控结构。要抓住经济结构中的关键领域和薄弱环节，瞄准运行中的突出问题，进行

"喷灌"、"滴灌"式调控，要通过创新宏观调控的方式，更多运用经济、法律和技术手段，分类指导、有保有压、有扶有控，根据实际情况进行差别化的调控。2014 年以来，针对经济社会发展的关键领域和薄弱环节，我们实施了支持"三农"、小微企业的定向降准措施和支持棚改的专项金融债等政策；实施稳健的货币政策，灵活运用多种货币政策工具，保持适度流动性，实现货币信贷及社会融资规模合理增长。

增强宏观调控的针对性，要准确把握宏观调控政策实施的时机，保证政策的有序实施，并根据经济领域出现的严重的突发事件对宏观调控的方向及时进行有针对性的调整。特别是当前面临国际政治和经济结构格局的深度调整，我国经济趋稳的基础尚不牢固，一些不确定因素还可能带来新的冲击，一些困难和矛盾在未来的一段时间内还会持续，及时有序地实施宏观调控，对于应对复杂的国际国内经济形势，促进经济的平稳健康发展具有非常积极的意义。经济形势越是复杂，环境越是严峻，越需要宏观调控及时跟进，主动应对，有所作为。

第二节　增强宏观政策手段协同性

一、综合运用宏观政策和手段

宏观调控是国家利用一系列的宏观政策和手段引导和干预经济发展，从而达到预定的调控目标的过程。政府的宏观调控有着很多的政策和手段，主要的有：经济手段、法律手段和行政手段。

1. 经济手段

经济手段，也称经济政策，是宏观调控的最主要手段。最主要的经济政策有：财政政策、货币政策、产业政策、收入分配政策等。在社会主义市场经济条件下，应结合不同时期国民经济运行的不同态势，科学而灵活地运用这些政策。

财政政策，包括财政收入政策、财政支出政策。财政收入政策的基本内容是税收政策。一般来说，减税（或免税）对消费者来说，可以由此而拥有较多的可支配收入，使消费需求增加，进而又可刺激投资增加；对生产者而言，减税可以减少成本，从而有利于生产。增税则相反。财政支出政策的内容包括：(1) 根据财政收入的实际可能和国民经济总量平衡的需要，确定财政支出的总量；(2) 根据国民经济总量平衡和结构合理的需要，确定财政支出的方向和积累性支出与消费性支出的比例；(3) 根据国民经济发展需要以及调整国家、企业、劳动者个人三方面利益关系的需要，确定财政支出的重点；(4) 确定财政支出的程序和制度。

货币政策是指中央银行通过增加或减少货币供应量以影响利率，进而影响经济活动所采取的政策。运用货币政策所采取的主要措施包括：控制货币发行，控制和调节对政府的贷款，推行公开市场业务，改变存款准备金率，调整再贴现率，选择性信用管制，直接信用管制等。货币政策分为三类：扩张性货币政策、紧缩性货币政策和中性货币政策。在经济不景气时，中央银行采取措施降低准备金率，由此引起货币供给增加，刺激投资和净出口，增加总需求，称为扩张性货币政策。反之，在经济过热、通货膨胀率太高时，中央银行采取一系列措施减少货币供给，以提高准备金率、抑制投资和消费，使总产出减少或放慢增长速度，使物价水平保持在合理水平，称为紧缩性货币政策。为保持经济稳定，中央银行根据经济运行状况采取松紧适度的货币政策，也称中性货币政策。随着社会主义经济体制的改革和市场经济的发展，货币政策在宏观调控中的作用日益突出，已逐步成为最主要的调控手段。

2015 年 4 月 20 日起中国人民银行决定下调各类存款类金融机构人民币存款准备金率 1 个百分点，这是货币政策运用的极好例子。其针对性显然是 2015 年一季度增长速度仅为 7%，下行压力不小，商业银行贷款利率普遍在 6%以上，企业融资成本居高不下。据初步测算，央行此次降低准备金率，能释放资金 1.5 万亿元左右，不仅有利于降低企业融资成本，从而有利于企业经营，同时对于股票市场、房地产市场也是一个利好。

媒体链接

中国人民银行决定继续普降存款类金融机构存款准备金率并有针对性地实施定向降准措施

中国人民银行决定，自 2015 年 4 月 20 日起下调各类存款类金融机构人民币存款准备金率 1 个百分点。

在此基础上，为进一步增强金融机构支持结构调整的能力，加大对小微企业、“三农”以及重大水利工程建设等的支持力度，自 4 月 20 日起对农信社、村镇银行等农村金融机构额外降低人民币存款准备金率 1 个百分点，并统一下调农村合作银行存款准备金率至农信社水平；对中国农业发展银行额外降低人民币存款准备金率2个百分点；对符合审慎经营要求且“三农”或小微企业贷款达到一定比例的国有银行和股份制商业银行可执行较同类机构法定水平低0.5个百分点的存款准备金率。

——2015年4月19日人民银行网站

小知识

存款准备金率

存款准备金是指金融机构为保证客户提取存款和资金清算需要而准备的在中央银行的存款，中央银行要求的存款准备金占其存款总额的比例就是存款准备金率。

在宏观调控中，货币政策与财政政策二者往往要结合起来，共同发挥调控作用。就财政政策和货币政策的一般结合形式而言，大致有两类情况和四种形态：一类是正结合，又可分为松财政和松货币、紧财政和紧货币两种形态；另一类是逆结合，又可分为紧财政和松货币、松财政和紧货币两种形态。这里所说的紧和松，是指紧缩和放松的意思。在进行宏观调控时，可以按照各种形态的作用后果及其适应的情况，根据不同时期面临的发展重点及所要解决的问题，从实际出发作出选择。

产业政策是指国家为了实现一定的经济和社会发展目标，根据世界经济发展趋势和国民经济发展的内在要求，调整产业结构和产业组织形式，对产业的形成和发展进行调控

的政策。产业政策的主要内容包括：产业结构政策，主要是促进产业结构的合理化；产业组织政策，主要是协调生产者之间的关系及组织结构、规模结构，使之合理化和高效化，促进资源的有效分配和产业效率的提高；产业区域布局政策，主要解决如何使产业区域布局合理，尽可能缩小由于各区域间产业结构不同所引起的经济发展水平差距过大的问题。产业政策是以供给结构调节为重点的政策，其主要作用是弥补市场缺陷，有效配置资源，选择和扶植重点战略产业发展，保护幼小民族产业的成长，发挥后发优势，推动整个经济发展。我国是世界上最大的发展中国家，从实际出发，科学地制定并实施产业政策，有利于国民经济的持续健康发展。

收入分配政策是对国民收入初次分配和再分配进行调节的政策，是政府根据既定的目标而制定的个人收入总量及结构的变动方向，以及政府调节个人收入分配的基本方针和原则。收入分配政策是通过工资、财政预算、税收等手段实施的。工资是社会总需求的重要组成部分，运用工资手段进行调节，一方面是政府规定最低工资标准，以保障社会成员的最低生活水平；另一方面就是要通过财政预算的方式，对积累和消费的比例和工资总水平进行调节，使工资总量保持在合理的幅度内。税收是实施收入分配政策的重要手段，在实行有利于调动劳动者积极性、提高效率的分配政策的同时，对个人收入征收累进所得税，征收高额财产税和遗产税等，可抑制一部分人收入过高，有利于实现分配的社会公平，防止收入分配差距的过分拉大。同时，将征收的税收用于公共投资，也有利于增加就业，降低失业率，提高某些群体和阶层的收入。除采取工资、税收手段实施收入分配政策调节外，政府通常还采取增加转移支付和其他各种福利措施，如对失业者、待业者和低收入阶层发放失业、待业补助金和救济等，以改善低收入者的处境。收入分配政策常常与财政政策、货币政策、产业政策等联合运用，以便达到综合调节经济运行的目标。

2. 经济规划

社会主义市场经济发展离不开经济规划的指导。中长期规划的主要内容是宏观管理目标、任务、各项宏观平衡和各种基本比例关系，以及相应的指标体系和政策措施。这样的规划，是建立在发挥市场在资源配置中起决定作用的基础上，并以指导性、引导性的形式引导全社会去实施。

3. 法律手段和行政手段

市场经济是法制经济。在社会市场经济活动中，国家通过经济立法，制定各种必要的经济法规，规定市场主体行为的基本准则和政府行为的规范，调整各方面的经济关系，保证各种经济政策、经济措施、经济合同等的贯彻执行，以保证社会生产和流通的有序进行。还可通过经济司法，审理各种经济案件，制止和纠正经济发展过程中的消极现象，打击和惩办各种经济犯罪活动。这些都是市场经济运行所不可缺少的。

用行政手段进行宏观调控，主要是指依靠行政机构采用强制性的命令、指示，规定和下达带有指令性的任务或某些具体限制等行政方式调控经济的运行。在一些特定情况下，为了保证国家社会的急需，对国民经济的宏观调控不能完全排斥行政手段。但这种行政手段的作用往往会产生消极影响，因而采用时须持谨慎态度。

在社会主义市场经济中，宏观调控的各种手段是组合运用的，这些手段之间的组合就好比是一系列的“组合拳”，不同的“组合拳”会形成不同的政策合力，这个合力的大小和成效取决于这些政策之间的配合程度及其在实施过程中的相互作用，要更好发挥政府宏观调控的作用，必须认真研究并协调运用这些手段，使之相互配合，相得益彰。

二、处理好几个关系

首先，要正确处理经济增长速度和结构、质量、效益的关系，坚持以质量效益为中心，转变发展方式，调整经济结构，保持合理的增长速度，促进国民经济协调发展。在过去相当长的时间内，我国的经济增长方式处于粗放状态，快速的经济增长往往与不健康的产业结构、日趋严重的环境污染、大量的资源消耗、严重扭曲的分配关系等并存。由于经济增长的质量不高，带来的问题也日趋严重，国民经济发展的不可持续性日益明显。在这样的态势下，宏观调控应该果断地采取配套政策，将经济发展的主要任务由经济规模扩张为主转向提高经济增长质量和效益为主。这就要求切实改变重数量轻质量、重速度轻效益的做法，把经济工作的重心转向深化改革开放和强化创新驱动，转向扩大内需和经济结构战略性调整，转向扩大就业和改善民生，转向实现绿色低碳发展。

其次，要正确处理经济发展和资源环境承载能力的关系，促进经济发展与资源环境的协调。保护和改善环境，已成为不仅关系我国而且也关系到全世界各国人民幸福和发展的重要问题。改革开放以来我国经济呈现快速发展，但也伴随着对资源的过度消耗和对环境的污染日益严重。目前我国万元 GDP 能耗水平超过发达国家 3—11 倍，资源和环境的承载力已近极限。粗放式发展还导致污染加剧，大气中二氧化硫排放总量为 1900—2000 万吨，远远超出大气达标的1200 万吨。城市垃圾每年接近 1. 4 亿吨，处理率仅54. 2%，无害处理率更低。同时除了工业化和城市化带来的烟尘、二氧化硫、水黑臭污染外，机动车和有毒有害化学品污染、城市化学烟雾等新环境问题在我国也不断显现。鉴于此，要将处理好经济发展与资源环境之间的关系，生态文明建设、生态环境保护和绿色低碳生活方式的提倡等，作为一个关系子孙后代生存的大问题处理好。要实行一系列有利于资源、环境的保护政策，并实行最严格的源头保护制度、损害赔偿制度、责任追究制度，完善环境治理和生态修复制度，用制度保护生态环境。

再次，要正确处理城乡之间和地区之间协调发展与全国保持平稳较快发展的关系，促进城乡、地区的协调发展。随着整体经济的快速平稳的发展，我国农村面貌发生了翻天覆地的变化。但城乡二元结构没有根本改变，城乡发展差距不断拉大趋势没有根本扭转。

发展不平衡孕育着严重的后果，危及可持续发展和社会稳定。因此，要采取配套政策措施，根本解决城乡二元结构，缩小城乡之间发展的差距，要健全体制机制，形成以工促农、以城带乡、工农互惠、城乡一体的新型工农城乡关系，让广大农民平等参与现代化进程、共同分享现代化成果。

最后，要处理好中央与地方的关系。要自觉服从国家宏观调控大局，增强全局意识和责任意识，坚决维护国家宏观调控的统一性、权威性、有效性，做到令行禁止。这就是要处理好中央和地方之间的关系。要维护好中央调控的权威，强化宏观调控的权威性；还要坚持全国一盘棋，维护国家宏观调控的统一性。同时要发挥好地方发展的积极性，充分考虑地区差异，注重区别对待、分类指导，为各地因地制宜留出合理空间；还要充分发挥地方政府的优势，直接面向基层、量大面广、由地方管理更方便有效的经济社会事项一律下放地方和基层管理。

第三节　推动国际经济治理结构完善

一、积极合作互利共赢

随着全球化进程的不断推进和各国合作的不断加强，国际社会日益成为一个你中有我、我中有你的命运共同体。2001 年我国加入世贸组织以来，我国对外开放进入一个新的阶段，1983—2013 年我国实际利用外资的规模达到 15871 亿美元，其中，实际利用外商直接投资金额达到 13900 亿美元。同时，借助于全球化的压力，我国不仅顺利克服了一些长期难以突破的顽疾，进一步完善了社会主义市场经济，经济社会也迸发出更大的活力。

随着各国之间经济联系的逐渐紧密，一国的经济变化和经济政策已经不是孤立的了。世界金融危机后，国际经济政治格局正处于深度调整之中，需求低迷的状况可能长期存在，技术大变革和新的产业仍在孕育中，主要经济体主权债务问题积重难返，投资贸易保护主义趋势强化；发达国家重新重视实体经济，实施制造业回归，市场、能源资源的争夺和气候环境等方面的斗争更加激烈。面对世界经济的复杂形势和全球性问题，任何国家都不可能独善其身、一枝独秀，这就要求各国政府在追求本国利益时兼顾他国合理关切，在谋求本国发展中促进各国共同发展，建立更加平等均衡的新型全球发展伙伴关系，增进人类共同利益，通过共同合作、良性互动、互利共赢，加强合作，来共同面对现在的问题。

习近平指出，增长联动，是世界经济强劲增长的要求。各国要树立命运共同体意识，在竞争中合作，在合作中共赢。在追求本国利益时兼顾别国利益，在寻求自身发展时兼顾别国发展。让每个国家发展都能同其他国家增长形成联动效应。利益融合，是世界经济平衡增长的需要。各国要建设利益共享的全球价值链，培育普惠各方的全球大市场，实现互利共赢的发展。

对我国而言，世界繁荣稳定是中国的机遇，要把世界的机遇转变为中国的机遇，把中国的机遇转变为世界的机遇，在中国与世界各国良性互动、互利共赢中开拓前进。因此，要树立世界眼光，更好把国内发展和对外开放统一起来，把中国发展与世界发展联系起来，把中国人民利益同各国人民共同利益结合起来，不断扩大同各国的互利合作，以更加积极的姿态参与国际事务，共同应对全球性挑战。这就要求我国在国际合作中发挥引领和协调作用，推动中国在世界经济中继续发挥引擎的作用。

二、积极参与全球治理

在经济全球化背景下，各国应该秉承开放包容、合作共赢的精神，不能互相踩脚，甚至互相抵消。这就要求各国应该争取通过宏观经济政策协调，放大正面联动效应，防止和减少负面外溢效应。因此必须密切跟踪国际经济形势和主要经济体宏观经济政策变化，主动加强与主要经济体的政策协调和沟通，更加积极参与多双边国际经济合作，提升国际话语权，促进国际经济秩序更加公正合理，营造有利于国内发展的制度环境。

首先，应该在国内采用负责任的宏观经济政策。2014年第三季度以来我国的经济增长速度有一定的放缓，这是我国经济进入新常态的标志，也是我国主动调控的结果，标志着我国对经济增长由追求速度转变到了追求质量和效益。我国经济的基本面良好，主动放缓经济增长的速度是为了更加有效地促进结构的调整和经济增长的质量，这有利于在保证自身经济不出大乱子的前提下，对世界经济负责，为世界经济带来更多正面的外溢效应。

其次，实施更加积极主动的开放战略，完善互利共赢、多元平衡、安全高效的开放性经济体系，共同维护和发展开放型世界经济。要加快国内经济的全面开放，促进沿海内陆沿边开放优势互补，形成引领国际经济合作和竞争的开放区域，培育带动区域发展的开放高地。

完善开放性的经济体系，深化涉及投资、贸易体制改革，完善相关的法制法规，形成公平竞争的法治环境，创新国际合作的模式。因此，要坚持出口和进口并重，推动对外贸易平衡发展；坚持“引进来”和“走出去”并重，提高国际投资合作水平；深化投资和贸易体制改革，加强政府的宏观指导和服务，提供对外投资精准信息，简化对外投资审批程序，为本国资本对外投资保驾护航；加快实施自由贸易区战略，加快海上丝绸之路经济带的建设，统筹双边、多边、区域次区域的开放合作，构建环太平洋的地区合作框架，加强区域内宏观经济政策协调、促进区域自由贸易安排的协调，推动同周边国家互联互通。

反对各种形式的保护主义，共同维护和发展开放型世界经济。“一花独放不是春，百花齐放春满园”，各国经济，相通则共进，相闭则互退。要统筹利用国际国内两个市场、两种资源，加强各国在经济、贸易、科技、金融等方面的合作，利用好比较优势，找准深化同周边国家互利合作的战略契合点，积极参与区域经济合作；维护自由、开放、非歧视的多边贸易体制，探讨完善全球投资规则，引导全球发展资本合理流动。

再次，要完善全球经济治理，使之更加公平公正。1997

年的亚洲金融危机和2008年的全球金融危机在不同国家之间的传导和深远影响表明，国际间宏观经济治理的“各扫自家门前雪，莫管他人瓦上霜”的态度是行不通的，世界各国经济的紧密相连要求更加完善的全球经济治理，必须加强国家之间宏观经济的协调，加强合作共同面对国际经济问题。当前，国际金融危机影响依然存在，在美国等发达国家宽松货币政策外溢效应影响下，新兴市场国家经济出现减速。因此，必须敦促发达国家切实进行结构改革，把握量化宽松货币政策退出的时机、步骤、方式。共同提升新兴市场国家在全球经济治理中的代表性和发言权，推动落实国际货币基金组织份额改革决定，制定反映各国经济总量在世界经济中权重的新份额公式。要继续加强国际金融市场监管，建设稳定、抗风险的国际货币体系，改革特别提款权货币篮子组成，加强国际和区域金融合作机制的联系，建立金融风险防火墙。

深阅读

1.《经济发展迈入新阶段》，2014年8月7日《人民日报》。

2. 贾康：《宏观调控实现四大亮点》，2014年7月21日《人民日报》。

3. 易纲：《深刻认识我国经济发展新趋势——深入学习贯彻习近平同志关于经济发展新常态的重要论述》，2014年11月3日《人民日报》。

第八章　加快开放型经济体系建设

随着互联网等科学技术的发展和应用，经济全球化迅猛发展，已成为世界性的潮流，过去历尽千难万险都不一定办得到的事情，如今在网上眨眼功夫就可以办理成功，整个地球变得像一个村庄一样，这就是人们常说的“地球村”。作为地球村中的重要成员，中国已经离不开世界，世界也需要中国。为了适应经济全球化新形势，更好地发展自己，健步走向社会主义市场经济，就必须进一步扩大开放，把“引进来”和“走出去”更好地融合起来，构建开放型经济新体制。

第一节　开放是个宝

一、中华民族有开放的传统

中华民族有开放的悠久历史和优良传统，很早很早以前，我们的祖宗就对外开放。

早在公元前 139 年，从西汉汉武帝派遣张骞出使西域开始，中国的丝绸就源源不断地运往罗马等国家，这就是最早的“丝绸之路”。丝绸之路不仅是古代亚欧互通有无的商贸大道，还是促进亚欧各国和中国的友好往来、沟通东西方文化的友谊之路。沿着这条丝绸之路，汉朝及其后的多个朝代的使节频繁往返西域各国，不断增强中国和西域各国的友谊和交流。有西汉张骞开通西域的“西北丝绸之路”；有北向蒙古高原，再西行天山北麓进入中亚的“草原丝绸之路”；有西安到成都再到印度的山道崎岖的“西南丝绸之路”；还有从广州、泉州、杭州、扬州等沿海城市出发，从南洋到阿拉伯海，甚至远达非洲东海岸的海上贸易的“海上丝绸之路”等。历史上一些著名人物，如家喻户晓的到西天取经的唐僧玄奘等，他们的一些故事都与这条路有关。随着时代发展，丝绸之路已成为古代中国与西方政治经济文化往来通道的统称。

到明朝，从 1405 年开始，郑和率领 200 多艘海船，2 万 7 千多人，七次远航西太平洋和印度洋，到达 30 多个国家和地区，最远的曾到达非洲东部。郑和的航行比葡萄牙、西班牙等国的航海家，如麦哲伦、哥伦布、达伽玛等人早了将近 100 年，是名副其实的“大航海时代”的先驱。

我们老祖宗的开放壮举，促进了中国与世界的交流和共同发展，为世界的文明做出了贡献。

由于制度和统治者的没落，到清朝末期，中国闭关锁国。1840 年，英国发动鸦片战争，中国大门被打开，在接下来的年代里，泱泱大国受尽西方列强的侵略和欺辱，割地赔款，沦为长达百年的半殖民地。直到新中国成立，这段令人刻骨铭心的屈辱历史才宣告结束。

新中国成立初期一直到 1978 年前，由于西方国家的封锁，也由于我们认识上的局限和缺乏经验，当时只能跟少有的几个社会主义国家发展经济关系，我国的经济基本上处于封闭半封闭状态，1979 年按人均计算的出口额仅为 14 美元，居世界各个国家和地区的排名 110 位以后。

直到 1978 年开始改革开放，国门向世界打开，中国人才真正昂首挺胸，请进来，走出去，开辟了改革开放的新时代。30 多年来的对外开放取得了显著成效，同我国发生经济贸易往来的国家增加到 200 多个，外贸进出口总额在世界排名第一位，其中出口第一、进口第二。

二、对外开放是强国之路

开放也是改革。实践证明，对外开放是强国之路，是我国社会主义建设的重要战略。开放有利于国家之间互通有无、调剂余缺，充分利用国际和国内两个市场、两种资源，优化资源配置；有利于参与国际竞争与合作，发挥我国经济的比较优势，实现国内经济与国际经济的对接，提高我国经济的国际竞争力；有利于通过国际市场的竞争和检验，促进国内生产更新技术，改善经营管理，降低成本，提高劳动生产力和产品国际化水平，使我国经济尽快跻身世界先进行列；有利于推动科技进步，提高我国的经济和技术水平；提高经济素质和经济效益；有利于加快发展和加快现代化进程。30

多年来的对外开放，大大促进了我国生产力的迅速发展，增强了我国经济实力和综合国力，提高了人民生活水平，使我国告别了封闭半封闭的状态，实现了经济社会的跨越式发展。

30多年的开放尽管取得了巨大的成绩，但总体看，我国开放型经济体系建设不平衡、不协调、不可持续的问题还比较突出，有些体制还不适应国内外形势和开放型经济自身发展的需要。主要是，相对利用外资和对外投资体制改革而言，外贸体制改革还不够深入；沿海地区的开放型经济体系比较成熟，内陆地区相对滞后。适应经济全球化新形势，必须实行更加积极主动的开放战略，完善互利共赢、多元平衡、安全高效的开放型经济体系，加快完善现代市场体系，构建开放型经济新体制，以开放促改革。

第二节　构建开放型经济新体制

一、放宽投资准入

1. 最大限度"松绑"服务业

当前，我国处于改革攻坚期、经济转型期、产业结构调整期，需要吸收外资中附加的先进技术、成熟的管理经验和优秀文化成果。美国竞争力委员会发布的2013年全球制造业竞争力指数报告指出：全球制造业竞争力排名中国居第一位，这份报告预测，未来五年内中国都将占据霸主地位。与之形成鲜明对比的是，我国服务业开放程度低，竞争力薄弱，仍是制约我国经济快速发展的一块短板。因此，为了壮大和发展服务业,需要进一步深化改革、扩大开放。最主要的是要:统一内外资法律法规,保持外资政策稳定、透明、可预期。推进金融、教育、文化、医疗等服务业领域有序开放,放开育幼养老、建筑设计、会计审计、商贸物流、电子商务等服务业领域外资准入限制,进一步放开一般制造业。加快海关特殊监管区域整合优化。

按照这样的要求,针对服务业发展,国家从财税到金融,要大步“松绑”服务业。一方面,我国推进了财税体制改革,为服务业等新兴产业减税,给小微企业让利。另一方面,继续深化金融体制改革。开放型金融新体系作为构建开放型经济体系的关键突破口,国家着重采取了一系列措施:坚持金融市场化、国际化;转变政府角色,实现从政策主导向制度监督角色的转变;因地制宜,制定多样化、渐进性金融政策。

这一系列的政策给我们的生活将带来一系列好处和便利。具体说:电子商务有序对外开放,给我们带来了多样化的商品选择和便利,我们可以不拘泥于时间和地点,消费国内外商品,使我们的生活质量得到空前提高;开放型经济体系的构建使百姓不但可以享受高效、温馨、优质的金融服务，还能选择更多安全可靠、个性化的投资理财产品，许多新生的金融中介行业可以创造出更多岗位，增加人们的就业机会。

2. 创新利用外资管理体制

我国外资管理体制经历了一系列的变革：1986 年，国务院出台进一步鼓励外商投资的规定；1992 年，邓小平南巡讲话，使得外资管理进一步放宽；2001 年，中国加入 WTO，是“协议开放”，设立了准入前国民待遇、负面清单、竞争中立的原则；2013 年党的十八届三中全会《决定》提出，要实行统一的市场准入制度，探索对外商投资实行“准入前国民待遇”加“负面清单”的管理模式。

小知识

国民待遇(平等待遇)：是指一国给予外国人和本国人以相同的待遇。在投资领域，国民待遇的适用范围按投资阶段可以分为“外资准入前国民待遇”(或“准入阶段国民待遇”)和“外资准入后国民待遇”。

准入前国民待遇：是指将国民待遇延伸至投资准入阶段，即在企业设立、取得、扩大等阶段给予外国投资者及其投资不低于给予本国投资者及其投资的待遇。

负面清单管理模式:指的是一个国家在引进外资的过程中,对某些与国民待遇不符的管理措施,以清单形式公开列明。在一些实行对外资最惠国待遇的国家,有关这方面的要求也以清单形式公开列明。这种模式的好处是让外资企业可以对照这个清单实行自检,对其中不符合要求的部分事先进行整改,从而提高外资进入的效率。但在我国,对外资进入目前依然实行政府审批制,这使外资企业很不适应,审批过程的繁复冗长,降低了外资进入的效率。

"玻璃门":看着可以进去,真的想进去的时候,头上会撞个大包,比喻政策很好但无法实施。

"弹簧门":一种可以自动关闭的门。喻指企业刚刚涉足某一行业领域又被一些"硬性政策"弹出的现象。

目前我国一直采用的是逐案审批和产业指导目录的外资管理方式,同时,在一些领域对内外资企业实行不同的法律法规。这种管理方式的优点是产业政策导向性强,缺点是企业咨询业务难度大、审批环节多、审批收费繁多、政策稳定性不足,容易导致"玻璃门"、"弹簧门"等问题,行政成本和营运成本都较高。比如,现在成立一家外商投资企业,要历经多个审批环节,以投资总额在500万美元以下的外商投资企业为例,要开始企业的正常运营至少要经过20个审批环节。同内资企业相比多出了合同和章程的批复、批准证书的发放、外汇登记证的办理等八个以上环节。

而西方发达国家多采取“准入前国民待遇”和“负面清单”的外资管理方式。这种管理方式有利于规范和约束政府行为，为企业创造稳定、透明、可预期的营商环境。我国外商投资管理体制改革的方向，就是要借鉴这种管理模式，最大限度减少和规范行政审批，纠正“重事前审批、轻事后监管”的倾向，赋予各类投资者公平参与市场竞争的机会，这是我国投资管理体制一项革命性的转变，意味着我国已经施行三十多年之久的审批投资管理体制将有重大转变。

3. 推进自由贸易试验区建设

谈到自由贸易试验区建设，人们可能首先想到最近几年才设立的中国上海自贸区。建立中国上海自由贸易试验区，是我国在新形势下推进改革开放的重大举措，不仅扩大了服务业市场开放，而且试行了“准入前国民待遇”加“负面清单”的外资管理模式。继上海2013年自贸试验区正式挂牌一年多以后，广东自由贸易试验区、天津自由贸易试验区和福建

自由贸易试验区正式挂牌,改革开放再添"试验田"。这些自贸区的建立,将为全面深化改革和扩大开放探索新途径、积累新经验。

自由贸易试验区建设对普通老百姓的生活又有什么影响?从具体政策来看:利率市场化,老百姓可以选择金融服务更加好、收益率更高和更稳定的储蓄产品;人民币可自由兑换,方便了人们的出行,而且拓宽了百姓的投资渠道;保税区的建立,可以使百姓买到更便宜的外国商品,享受到优质的国际服务等等。

小知识

自由贸易区(FTA:FreeTradeArea):是指两个或两个以上的国家或地区或单独关税区组成的,按照 WTO 的协议框架设计,区内就贸易开放、取消关税壁垒、降低关税达成互惠互利的双边或多边贸易政策,区外实行保护贸易的特殊经济区域或经济集团。例如北美自由贸易区(简称 NAFTA,包括美国、加拿大、墨西哥)、美洲自由贸易区(简称 FTAA,包括美洲 34 国)、中欧自由贸易区(简称 CEFTA,包括波兰、匈牙利、捷克、斯洛伐克、斯洛文尼亚、罗马尼亚和保加利亚)、东盟自由贸易区(简称 AFTA,包括东盟十国)、中国与东盟自由贸易区(简称 CAFTA,中国与东盟十国)等等。

自由贸易园区(FTZ:FreeTradeZone):也称自由贸易港区或自由经济区,是指在主权国家或地区的关境以外,划出特定的区域,准许外国商品豁免关税自由进出。实质上是采取自由港政策的关税隔离区。狭义仅指提供区内加工出口所需原料等货物的进口豁免关税的地区，类似于出口加工区。广义还包括自由港和转口贸易区，是经济特区的一种。如巴拿马科隆自由贸易区、德国汉堡自由贸易区、美国纽约1号对外贸易区等。

媒体链接

广东天津福建三大自贸区挂牌

经济日报北京4月21日讯(记者亢舒)广东自由贸易试验区、天津自由贸易试验区和福建自由贸易试验区正式挂牌。继上海2013年自贸试验区正式挂牌一年多以后，改革开放再添“试验田”。商务部部长助理王受文表示，四大自贸区共用一张负面清单，最新发布的负面清单共有122项特别管理措施，与国内普遍适用的2015版外商投资产业指导目录比较，自贸试验区的负面清单取消或放宽了18个领域的限制。总体而言，开放度大大提高。

按照国务院印发的四份自贸试验区方案，广东自贸试验区立足推动内地与港澳经济深度合作，并将通过加工贸易转型，带动泛珠三角区域和内地区域的产业升级。广东自贸区分为三个片区。南沙片区重点面向世界先进发达国家，建设以生产性服务业为主导的现代产业新高地和具有世界先进水平的综合服务枢纽；前海蛇口片区重点推动粤港深度合作，建设我国金融业对外开放试验示范窗口、世界服务贸易重要基地和国际性枢纽港;横琴片区重点推动粤澳深度合作,建设文化教育开放先导区、国际商务服务休闲旅游基地和促进澳门经济适度多元发展的新载体。

天津自贸试验区以制度创新为核心任务,以可复制和推广为基本要求,努力成为京津冀协同发展高水平的对外开放平台。天津自贸试验区涵盖三个片区:天津港东疆片区、天津机场片区、滨海新区中心商务片区。三个片区做了明确的功能划分,各有侧重。天津港东疆片区重点发展航运物流、国际贸易、融资租赁等现代服务业;天津机场片区重点发展航天航空、装备制造、新一代信息技术等高端制造业和研发设计、航空物流等生产性的服务业。滨海新区中心商务片区重点发展以金融创新为主的现代服务业。

福建自贸试验区将立足两岸、服务全国、面向世界,建设成为制度创新的试验田,深化两岸经济合作的示范区和建设21世纪海上丝绸之路的核心区。福建自贸试验区涵盖了三个片区:平潭片区、厦门片区和福州片区。其中平潭片区重点建设两岸共同家园和国际旅游岛;厦门片区重点建设两岸新兴产业和现代服务业合作示范区、东南国际航运中心、两岸区域性金融服务中心和两岸贸易中心;福州片区重点建设先进制造业基地、21世纪海上丝绸之路沿线国家和地区交流合作的重要平台、两岸服务贸易与金融创新合作示范区。

——2015年4月22日中国经济网

二、扩大内陆沿边开放

改革开放 30 多年来，我国东部沿海地区发展相对较早，开放程度较高，中西部地区的开放步伐总体慢一些，开放程度相对低一些。这种状况近几年有所改变，但地区之间的不平衡依然存在。加快推进中西部地区对外开放水平，协同推进东中西部对外开放，扩大内陆开放和沿边开放，逐步形成分工协作、互动发展的对外开放格局，是今后开放的重要任务。

2013 年，我国提出的“丝绸之路经济带”和“21 世纪海上丝绸之路”战略构想，引起相关国家的强烈共鸣，这有利于促进沿边地区与周边国家的政策沟通、道路联通、贸易畅通、货币流通和民心相通，提升沿边开放的水平，也为我国加快内陆沿边开放带来了重大机遇。

1. 扩大内陆对外开放

当前，我国内陆地区开放型经济发展面临历史性机遇，但由于既不靠海也不沿边，存在开放口岸少、物流费用高、区域转关难等诸多亟待破解的制约因素。扩大内陆开放是一篇大文章，要从体制机制、政策环境等方面下功夫，为全方位的开放注入新的活力。

构建内陆开放型经济体系，必将建立“量身打造”的规划，特别要制定出科学的产业布局规划。具体说：首先要加快内陆地区和沿海地区的联合，内陆地区成为沿海加工贸易链条的承接地。要统筹推进内陆地区国际大通道建设，加快建设面向东南亚、中亚、欧洲等地区的国际物流大通道，支持内陆城市增开国际客货航线，发展江海、铁海、陆航等多式联运，形成横贯东中西、联结南北方的对外经济走廊。要推动内陆沿海沿边通关协作，实现口岸管理相关部门信息互换、监管互认、执法互助，扩大“属地申报、口岸放行”等改革试点，使内陆地区货物进出口逐步实现“一次申报、一次查验、一次放行”，提高口岸通行效率，降低通关成本。

2. 加快沿边开放步伐

我国同 14 个国家毗邻，陆路边境总长 2.28 万公里。沿边 139 个县级行政区国土面积合计约 200 万平方公里，居住着 45 个少数民族。加快沿边开放，实行沿边重点口岸、边境城市、经济合作区在人员往来、加工物流、旅游等方面实行特殊方式和政策，对优化对外开放格局、促进区域协调发展、建设繁荣稳定的边疆具有重大战略意义。

近年来，沿边地区对外开放迈出了坚实的步伐，但受历史、自然条件和周边环境等因素的影响，沿边地区开放型经济规模总体偏小，经贸合作层次不高，与周边国家合作机制不健全，经贸和人员往来便利化水平亟待提高。

推进沿边开放要坚持统筹规划、因地制宜、互惠互利、共同发展、东西互动、内引外联的原则，要在“边”字上做文章，从合作机制和开放政策上寻求突破。加快沿边发展，基础设施建设应先行；国家应进一步加大基础设施投入与建设，包括边境口岸设施和市政基础建设、跨境铁路扩能改造、口岸高速公路等一批互联互通重点项目建设，在一些重大项目规划上适当向边境地区倾斜，加大对边境地区和边境贸易资金扶持力度。要创新沿边开放政策，允许沿边重点口岸、边境城市、经济合作区在人员往来、加工物流、旅游等方面实行特殊方式和政策，提高贸易和投资便利化水平，培育特色优势产业。要发挥金融对沿边开放的支撑作用，建立开发性金融机构，加快同周边国家和区域基础设施互联互通建设，为沿边开放提供良好条件。要鼓励边境地区与毗邻国地方政府之间建立高效务实的工作机制，及时解决毗邻地区经贸和人员往来中的问题，加快沿边发展。

小知识

满洲里套娃广场是满洲里标志性建筑之一，该广场是全国唯一的以俄罗斯传统工艺品套娃为主题的旅游休闲广场，集中体现了中俄蒙三国特色和三国风情，主体建筑是一个高 30 米的大套娃，这是世界上最大的套娃，套娃内部为俄式餐厅和演艺大厅，套娃外部的彩绘由中俄蒙三国美丽的女孩组成，并且周围有 200 个小套娃代表全世界不同国家和地区。

满洲里市，原称“霍勒津布拉格”，蒙语意为“旺盛的泉水”，是中国内蒙古自治区呼伦贝尔市下辖的准地级计划单列市，中国最大的陆运口岸城市。总面积 730 平方公里，是一座拥有百年历史的口岸城市，素有“亚洲之窗”之称。1992年对外开放以来，这里成为中俄贸易重要的场所。中国从俄罗斯进口木材和化肥，而俄则从中国进口家电和蔬菜等。随着中俄贸易的不断完善，当地牧民生活得到极大改善。

3. 内陆沿边差异发展

寸有所长，尺有所短。沿海地区和内陆地区、沿边地区比较，总体说内陆地区拥有丰富的劳动力资源、广阔的市场空间，但是自身技术水平低、基础设施不够完善；沿边地区普遍人口密度较小，基础设施建设相对滞后，经济与社会发展依赖性较强，自然资源丰富，存在着以生态文明建设、风土民族文化来促进、影响、带动地方经济发展的可能性。沿海地区和内陆地区、沿边地区要优势互补，各自发挥潜力，加强合作，实现共同发展。例如，沿边口岸可以发挥某些种类物品的贸易和加工中具有的特殊优势，建设成为某类商品的集散地、国际中转地、进口资源的加工增值基地、进口原材料返销国外的加工基地等；有特色风土民族文化的沿边地区，可以寻踪历史足迹，发展特色旅游产业等。

4. 把握“一带一路”新机遇

“一带一路”，是“丝绸之路经济带”和“21世纪海上丝绸之路”的简称，建设“一带一路”已经成为我国的重要国家战略。

建设“丝绸之路经济带”，是2013年9月7日习近平主席在访问哈萨克斯坦时，在“古丝绸之路”概念基础上提出来的战略倡议。“丝绸之路经济带”向东牵着亚太经济圈，向西系着欧洲经济圈，被认为是“世界上最长、最具有发展潜力的经济大走廊”。“丝绸之路经济带”可以有三条路线，即在空间走向上初步形成的以欧亚大陆桥为主的北线、以石油天然气管道为主的中线、以跨国公路为主的南线。国内区域范围目前包括西北五省、重庆、四川、内蒙古和新疆生产建设兵团，还将扩展到其他省区。建设“丝绸之路经济带”，有利于兼顾地区平衡，开拓新的经济增长点；有利于营造良好的周边政治、国防、民族环境；有利于推进区域间互联互通与合作；有利于消化中国严重过剩的各种产能；有利于构筑以开放促西部大开发、促中国东部再改革的新格局；也有利于世界经济，特别是亚、欧经济的稳定发展。

建设“21世纪海上丝绸之路”，是2013年10月习近平总书记访问东盟国家时提出来的战略倡议。古老的海上丝绸之路自秦汉时期开通以来，一直是东西方经济文化交流的重要桥梁，而东南亚地区自古就是海上丝绸之路的重要枢纽和组成部分。习近平总书记基于历史，着眼中国与东盟建立战略伙伴十周年这一新的历史起点上，为进一步深化中国与东盟的合作，构建更加紧密的命运共同体，为双方乃至本地区人民的福祉而提出的战略构想。“21世纪海上丝绸之路”是我国在世界格局发生复杂变化的当前，主动创造合作、和平、和谐的对外合作环境的有力手段，将为我国全面深化改革创造良好的机遇和外部环境。它是全球政治、贸易格局不断变化的形势下，中国连接世界的新型贸易之路，将串起连通东盟、南亚、西亚、北非、欧洲等各大经济板块的市场链，发展面向南海、太平洋和印度洋的战略合作经济带，以亚欧非经济贸易一体化为发展的长期目标。

实施“一带一路”战略，从世界看，将搭建战略平台，携手东盟、南亚、西亚、北非、欧洲等国家和地区，重现海上丝绸之路繁荣，促进沿线国家的经济发展与共同富强，实现互惠互利共赢。从国内看，她是我国深化改革、产业升级的强大驱动力。同时，通过开辟这一通道，人才、技术、资金等市场要素的交流渠道将得到更大拓展，这将大大弥补我国在创新意

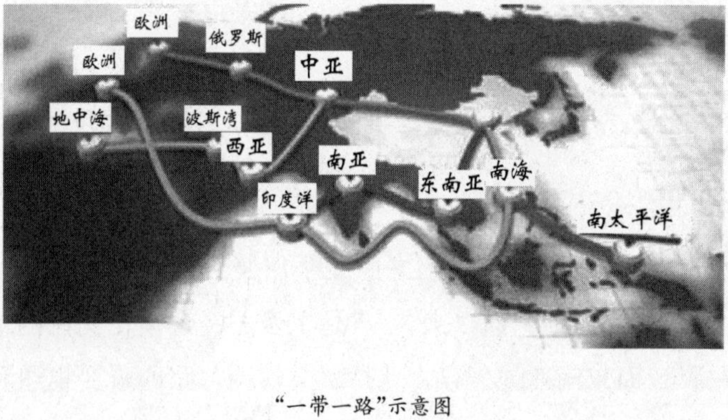

“一带一路”示意图

识和某些领域的不足，为以经济体制改革为主导的全面深化改革提供突破点，而上海自由贸易区是“21世纪海上丝绸之路”战略的先导。

声音

“一带一路”是沿线国家的合唱

“一带一路”建设秉持的是共商、共建、共享原则，不是封闭的，而是开放包容的；不是中国一家的独奏，而是沿线国家的合唱。“一带一路”建设不是要替代现有地区合作机制和倡议，而是要在已有基础上，推动沿线国家实现发展战略相互对接、优势互补。目前，已经有60多个沿线国家和国际组织对参与“一带一路”建设表达了积极态度。“一带一路”建设、亚洲基础设施投资银行都是开放的，我们欢迎沿线国家和亚洲国家积极参与，也张开臂膀欢迎五大洲朋友共襄盛举。

“一带一路”建设不是空洞的口号，而是看得见、摸得着的实际举措，将给地区国家带来实实在在的利益。在有关各方共同努力下，“一带一路”建设的愿景与行动文件已经制定，亚洲基础设施投资银行筹建工作迈出实质性步伐，丝路基金已经顺利启动，一批基础设施互联互通项目已在稳步推进。这些早期收获向我们展现了“一带一路”的广阔前景。

——习近平主席在博鳌亚洲论坛2015年年会上的主旨演讲，据2015年3月29日新华网

第三节 引进来和走出去更好结合

一、进一步完善引进来机制

改革开放初期的对外开放，除了发展对外贸易外，我国更多采取“引进来”的战略，利用外资、“三来一补”、引进技术等都是引进来为主，这种引进来的举措，有利于我国利用国外的先进技术、管理经验和资本发展经济，发挥了很好的作用。随着我国经济社会发展进入新的阶段，面对国际经济政治环境新变化，我们在引进来的同时要大踏步走向世界，采取引进来与走出去并举的对外开放战略，把引进来与走出去更好结合起来，用引进来推动走出去，用走出去促进引进来。

对于引进来，我们改革体制，采取有效措施，积累了较丰富的经验，特别是“准入前国民待遇”的实行和“负面清单”管理模式的建立，标志着我国外资引入模式的重大变革，与国际外资利用模式实现了接轨，为外商投资提供了便利条件。需要继续做的是，要创新引资模式，提高引资质量。同时，应该抛弃以往重数量、轻质量的引入模式，理性引入外资企业，对于科技含量低、高污染、高耗能企业要拒绝引入，大力吸收以信息技术为代表的高新技术产业，注重引进先进技术和人才，实现外资附加价值的消化、吸收、转化和创新。

为引进来创造更好的条件，为外资引入营造公开、公平、公正的市场环境，要进一步规范政府行为，充分发挥市场在资源配置中的决定作用。同时要加强法治建设，完善法律和监管体系，做到“有法可依，有法必依，执法必严，违法必究”，要尊重市场运行规律，引导企业合规经营，坚决管住扰乱市场秩序的各种违法违规行为。

要拓宽引进对象。过去的引进来，过分强调资金的引进而忽视的人才的引进。应该采取各种政策诚聘各地人才，打造国际化人才基地，特别应该做好国际贸易、法律、管理以及资本经营等方面的人才储备工作。

二、拓宽走出去的路径选择

近十年，我国对外投资以年均 40%以上的速度高速增长，截至 2013 年底，已成为世界第三大对外投资国。但从总体上看，我国企业走出去仍处于初级阶段，特别是对外投资管理体制建设相对滞后，在投资审批、外汇管理、金融服务、货物进出口、人员出入境等方面存在诸多障碍，不能完全适应对外投资加快发展的新形势。

从贸易大国到投资大国、从商品输出到资本输出，是开放型经济转型升级的必经之路。加快实施走出去战略，关键是深化对外投资管理体制改革，放宽对外投资的各种限制，落实“谁投资、谁决策、谁受益、谁承担风险”的原则，确立企业及个人对外投资的主体地位。2013 年，我国提出了“三个允许”，即“允许企业和个人发挥自身优势到境外开展投资合作，允许自担风险到各国各地区自由承揽工程和劳务合作项目，允许创新方式走出去开展绿地投资、并购投资、证券投资、联合投资等”。这充分体现了国家支持企业加快走出去的政策导向，必将推动我国对外投资迈上新台阶。

加快实施走出去战略，要加快同有关国家和地区商签投资协定，完善领事保护体制，提供权益保障、投资促进、风险预警等更多服务，扩大投资合作空间。

加快实施走出去战略，要着重提高走出去的规模和质量。从劳务输出和工程承包等初级形式，转向凭借企业核心竞争力参与全球产业分工。提高贸易便利化水平，建立内陆与沿海沿边沿江省份口岸大通关协作机制，全面推行直通放行、绿色通道等通关措施，提高通关效率，探索推行口岸电子政务“一口受理”制度。着力打造生产和贸易供应链、金融供应链、基础设施供应链、人才供应链、公共服务供应链，降低中国和周边地区的互联互通成本，营造良好投资环境。目前，亟待深化对外投资管理体制的改革，修订对外投资的管理办法，加强对外投资的监管。

三、实现引进来和走出去相结合

过去我们过分强调“引进来”，取得了成绩但也使得劳动密集型产业过剩，国内市场严重饱和。在经济全球化的大潮中，我们要把吸引进来的资源通过整合推销出去，实现价值增值。因此应建立内外联动、互利共赢、安全高效的开放型经济体系，形成引进来与走出去相结合的双向开放格局。

必须认识到，从发展上看，决定国家发展命运的主导性因素是社会生产力发展和劳动生产率提高，只有不断推进科技创新，不断解放和发展社会生产力，不断提高劳动生产率，才能实现经济社会持续健康发展，而坚持引进来和走出去相结合，积极融入全球创新网络，全面提高我国科技创新的国际合作水平，是发展生产力、不断提高劳动生产率的重要途径之一。

深阅读

1.《习近平主席在博鳌亚洲论坛2015年年会上的主旨演讲》，2015年3月29日新华网。

2. 陈德铭：《完善互利共赢、多元平衡、安全高效的开放型经济体系》，《十八大报告辅导读本》，人民出版社2012年版。

第九章　在发展社会主义市场经济中实现国民经济健康发展

一个人从小到大要健康成长，不健康成长——或身体，或道德，或其他——会出问题。一个国家的国民经济也要健康发展，不健康发展——或经济质量，或经济效益，或其他——也会出问题。如何在发展社会主义市场经济过程中，实现国民经济健康发展，是我们必须高度重视始终努力做好的大题目。

第一节　经验和教训使我们更加聪明起来

一、什么是国民经济健康发展

一句话，就是国民经济要以人为本，全面、协调、可持续发展，再通俗些说，就是国民经济又好又快地发展。

以人为本，就是要以实现人的全面发展为目标，坚持以人民为本，从人民群众的根本利益出发谋发展、促发展，不断满足人民群众日益增长的物质文化需要，切实保障人民群众的经济、政治和文化权益，让发展的成果惠及全体人民。

全面发展，就是要以经济建设为中心，全面推进经济建设、政治建设、文化建设、社会建设、环境文明建设，实现社会主义物质文明、政治文明、精神文明和生态文明的全面进步。

协调发展，就是要促进城乡之间、区域之间、经济与社会之间、人与自然之间、国内发展与对外开放之间的发展相协调，推进生产力和生产关系、经济基础和上层建筑相协调，推进经济、政治、文化、社会建设的各个环节、各个方面相协调。

可持续发展，就是要促进人与自然的和谐，实现经济发展和人口、资源、环境相协调，坚持走生产发展、生活富裕、生态良好的文明发展道路，保证一代接一代地永续发展。

二、高昂代价得出的结论

在过去的经济建设中，虽然我们也力求国民经济发展得更好一些，但有时候却片面追求经济速度，结果呢，从表面上看似乎速度很快，但经济质量经济效益不够好，后遗症太多。

后遗症之一，是资源耗费多但产出少，劳动生产率不高。以 2009 年为例，我国 GDP 占世界的 8.6%，却消耗了世界 46.9%的煤炭和 10.4%的石油，国内经济社会发展面临的资源约束日益突出。劳动生产率同发达国家相比差距很大。以 2008 年为例，我国每个就业者创造的 GDP 为 5855 美元，仅相当于美国的 5.9%，日本的 7.7%，俄罗斯的 24.8%。

后遗症之二，是经济结构不够合理，地区、城乡经济发展不够协调。在产业结构中，第三产业发展一直比较滞后，到 2014 年第三产业占 GDP 中的比例为 48.2%，远低于 2012 年发达国家水平，也低于一些新兴市场经济国家的水平。东中西部地区之间发展的不平衡比较长期存在。城乡收入比长期徘徊在 3:1 左右。国民经济需求结构中，投资率偏高，消费率偏低。

2012 年世界主要国家三次产业比重

国家	第一产业占比重	第二产业占比重	第三产业占比重
世界	5.90%	30.50%	63.60%
美国	1.20%	19.10%	79.70%
法国	1.90%	18.30%	79.80%
英国	0.70%	21.10%	78.20%
日本	1.20%	27.50%	71.40%
德国	0.80%	28.10%	71.10%
巴西	5.40%	27.40%	67.20%
印度	17.00%	18.00%	65.00%

后遗症之三，是环境污染。一是环境质量差。如雾霾的问题、水体富营养化的问题、地下水污染的问题、城市黑臭水体的问题等等。二是生态损失比较严重，特别是水体的生态损失。三是由于产业布局不合理，大量的重化工企业沿河、沿湖、沿江的布局仍然带来比较高的环境风险。据国家统计局公布的数字，2014 年在按照《环境空气质量标准》(GB3095—2012)监测的 161 个城市中，城市空气质量达标的城市仅占 9.9%，未达标的城市占 90.1%。十大流域的 702 个水质监测断面中，劣 V 类水质断面比例占到 9%。

媒体链接

"APEC 蓝"能留下吗？（节选）

新华网北京 11 月 12 日新媒体专电（"新华视点"记者乌梦达、倪元锦）APEC 北京会议留下的，除了会议达成的各项成果，还有难得的蓝天白云。这种美丽令人神往，同时发人深思。人们关心的是，"APEC 蓝"能否保持下去？

北京,2014年11月9日,缤纷雁栖银杏泛黄,丹枫飘红。深秋五彩斑斓的雁栖湖,聚焦世界共享繁荣的期待目光。新华社发(李万利摄)

11月初的北京,现出了久违的蓝天。一些网民称为"APEC蓝",意为转瞬即逝的美好。事实上,本次蓝天与APEC确实息息相关。

环保专家指出,我们看到的APEC蓝,是气象条件、污染物排放两个变量综合作用的结果。

北京市环保监测中心主任张大伟介绍,11月8日起,北京气象扩散能力转差,10日扩散能力上升为5级(非常不利于扩散),已经接近最高6级的极限,然而,空气质量却仍然达到了2级良好水平。

"老百姓说,过去要赶走雾霾,就得靠大风吹。但这次风没来,依靠北京、河北等五省一市大范围的提前、紧急减排,同样留住了蓝天。"张大伟说。

而这次"APEC蓝"更是一次实验。

按照京津冀及周边地区大气污染防治协作小组部

署，北京、天津、河北、山东四省市分区域、分时段实施应急减排：11 月 3 日起，北京市及河北省的廊坊、保定、石家庄、邢台、邯郸等“太行山一线”城市实施最高一级重污染应急减排措施；11 月 6 日起，除上述城市继续采取措施，天津市，河北省的唐山、衡水、沧州，山东省的济南、淄博、东营、德州、聊城、滨州，实施最高一级空气重污染应急减排措施，尽可能采取限、停产措施。

仅河北一省，从 11 月 1 日开始就有 2000 多家企业停产、1900 多家企业限产、1700 多处工地停工，北京也有 140 多家企业停工、停产。

除此之外，北京、河北、天津等地采取了汽车单双号限行政策，机关单位的公车封存 70%，北京市民放假 6 天……

种种措施最终证明：高污染的工厂停工、扬尘工地停工、汽车停驶、增加公共交通出行，雾霾是可以减轻的。

河北省环境应急与重污染天气预警中心主任王晓利表示，APEC 会议防治污染的应急措施为今后提供了管理经验。

——2014 年 11 月 13 日《新华每日电讯》

发展中的问题使我们逐渐弄懂一个道理，就是经济增长与经济发展不完全是一回事，增长速度也不是越快越好。

经济增长是指一个国家或地区在一定时期内由于就业

人数增加、资本积累和技术进步等原因，经济规模（包括物质产品和劳务）在数量上的扩大和增加，它反映了一国国民经济总量的变化状况。

经济发展是指一个国家或地区经济规模扩大、经济结构优化、经济生活水平普遍提高、人们构建自己未来能力全面提升的动态过程。经济增长与经济发展两个概念既相互联系，又不完全相同。与经济增长相比，经济发展的范畴和内涵要更加广泛，它不仅包括经济增长的含义，且更加强调经济质量和效益的提高，以及经济结构的优化等。从两者的指标体系上看，经济增长一般采用国民生产总值（GNP）、国内生产总值（GDP）、国民收入等总量指标以及人均指标；经济发展的指标体系种类很多，较有影响力的如人类发展指数（HDI）、绿色 GDP、社会可持续发展指数（SSI）、科学发展评价指标体系（SDI）等。

经济增长无疑重要，经济增长是经济发展的基础，没有增长很难有持续的发展，但经济增长并不等于经济发展，如果片面追求高速度，以 GDP 论英雄而没有质量的提高、结构的改善，就有可能只有经济增长而没有经济发展。

三、一定要坚持国民经济的全面协调健康发展

2012 年党的十八大提出了要在中国共产党成立一百年时全面建成小康社会，在新中国成立一百年时建成富强民主文明和谐的社会主义现代化国家“两个百年”的目标。全面建成小康社会的基本要求，在经济上主要包括：

经济持续健康发展。转变经济发展方式取得重大进展，在

发展平衡性、协调性、可持续性明显增强的基础上，实现国内生产总值和城乡居民人均收入比 2010 年翻一番。科技进步对经济增长的贡献率大幅上升，进入创新型国家行列。工业化基本实现，信息化水平大幅提升，城镇化质量明显提高，农业现代化和社会主义新农村建设成效显著，区域协调发展机制基本形成。对外开放水平进一步提高，国际竞争力明显增强。

人民生活水平全面提高。基本公共服务均等化总体实现。全民受教育程度和创新人才培养水平明显提高，进入人才强国和人力资源强国行列，教育现代化基本实现。就业更加充分。收入分配差距缩小，中等收入群体持续扩大，扶贫对象大幅减少。社会保障全民覆盖，人人享有基本医疗卫生服务，住房保障体系基本形成，社会和谐稳定。

资源节约型、环境友好型社会建设取得重大进展。主体功能区布局基本形成，资源循环利用体系初步建立。单位国内生产总值能源消耗和二氧化碳排放大幅下降，主要污染物排放总量显著减少。森林覆盖率提高，生态系统稳定性增强，人居环境明显改善。

要实现十八大提出的宏伟目标，就一定要坚持国民经济的全面协调健康发展。

那么，如何能够实现国民经济的全面协调健康发展呢？

第二节　换换经济发展方式

一、什么是转变发展方式

以上所说的片面追求高速度所产生的后遗症，实际上凸显出原有的经济发展方式难以为继，要实现国民经济的全面协调健康发展，必须加快转变发展方式，换上新的发展方式。

经济发展方式是指一国或地区实现经济增长、经济结构优化和经济质量提高的方法和模式。经济发展方式转变，就是由粗放型增长到集约型增长，从低级经济结构到高级、优化的经济结构，从单纯的经济增长到全面协调可持续的经济发展的转变。

一国的经济发展方式是在一定历史条件下形成的，受到经济体制、经济发展水平的制约，具有一定的历史性。世界上没有放之四海而皆准的发展道路和发展模式，也没有一成不变的发展道路和发展模式，必须适应国内外形势的新变化、顺应人民过上更好生活的新期待，不断探索和完善适合本国情况的发展道路和发展模式。

改革开放 30 多年来，我们充分发挥比较优势，实现了年均 9.8%的持续快速增长，与此同时资源和环境对发展的瓶颈制约也日益突出。我们以实事求是的科学态度及时总结经验，创新发展理念，推动中国发展道路和发展模式在实践中不断完善。从上个世纪 90 年代中期特别是进入新世纪新阶段以来，我们提出，要坚持以人为本、全面协调可持续发展的科学发展观；要以极其认真负责的历史责任感对待环境与发展问题，坚持走可持续发展道路；要实施科教兴国战略，实行经济结构战略性调整，积极推动创新发展；要把经济发展建立在主要依靠国内市场的基础上，高度重视以内需特别是消费需求拉动发展；要努力开创生产发展、生活富裕、生态良好的文明发展道路；要走出一条科技含量高、经济效益好、资源消耗低、环境污染少、人力资源优势得到充分发挥的中国特色新型工业化道路；要把节约资源作为基本国策，发展循环经济，保护生态环境，加快建设资源节约型、环境友好型社会，促进经济发展与人口资源环境相协调；要呵护人类赖以生存的地球家园，建设生态文明，形成节约能源资源和保护生态环境的产业结构、增长方式、消费模式，把建设资源节约型、环境友好型社会落实到每个单位、每个家庭；要以对中华民族和全人类长远发展高度负责的精神，全面加强应对气候变化能力建设，为中国和全球可持续发展作出不懈努力；要更加自觉地认识到，加快经济发展方式转变刻不容缓，必须在发展中促转变、在转变中谋发展，等等。这些措施收到很大成效，但是，转变发展方式并非短时间可以完成，目前制约我国发展的问题依然存在，我们应该而且能够采取措施，进一步加快发展方式的转变。

二、加快发展方式转变的思路和措施

加快转变经济发展方式，总体思路是：要把握适应国内外经济形势新变化，把推动发展的立足点转到提高质量和效益上来，着力激发各类市场主体发展新活力，着力增强创新驱动发展新动力，着力构建现代产业发展新体系，着力培育开放型经济发展新优势，使经济发展更多依靠内需特别是消费需求拉动，更多依靠现代服务业和战略性新兴产业带动，更多依靠科技进步、劳动者素质提高、管理创新驱动，更多依靠节约资源和循环经济推动，更多依靠城乡区域发展、协调互动，不断增强长期发展后劲。

声音

习近平:把转方式调结构放到更加重要位置

中国经济发展进入新常态,正从高速增长转为中高速增长,从规模速度型粗放增长转向质量效率型集约增长,从要素投资驱动转向创新驱动。

中国将主动适应和引领经济发展新常态,坚持以提高经济发展质量和效益为中心,把转方式调结构放到更加重要位置,更加扎实地推进经济发展,更加坚定地深化改革开放,更加充分地激发创造活力,更加有效地维护公平正义,更加有力地保障和改善民生,促进经济社会平稳健康发展。

——习近平主席在博鳌亚洲论坛 2015 年年会上的主旨演讲,据 2015 年 3 月 29 日新华网

经济结构战略性调整是加快转变经济发展方式的主攻方向。经济结构是国民经济各组成部分的地位和相互比例关系,从宏观看包括社会总需求结构、所有制结构、分配结构、产业结构、区域经济结构等,从微观看包括企业组织结构、产品结构等等。经济结构调整就是通过经济结构的合理化、高级化,使其适应并促进生产力的发展。经济结构的合理与否,直接关系到经济增长的速度和经济发展的质量,所以,经济结构的调整是经济发展方式转变的重要内容和必要条件。

经济结构调整的内容包括两个相互联系的主要方面:一是结构优化,二是结构升级。结构优化是指国民经济的各种

比例关系协调、合理；结构升级是指依靠科技的重大突破和创新，实现国民经济结构的高度化或高级化。结构优化、结构升级一般通过两个途径进行：一是对国民经济的存量进行调整，主要是对已形成的各种传统结构进行改革、改造和优化升级；二是对国民经济的增量进行优化和升级，主要是把握好投资方向、投资结构，努力提高经济效益。

一般来说，经济结构调整包括以下几个主要的方面：

1. 调整产业结构

产业结构是指国民经济各产业部门之间的比例构成和它们之间相互依存、相互制约的关系。国际上比较通行的做法是以三次产业的比例表示产业结构。一次产业主要是指农业，二次产业主要指加工业，三次产业主要指服务业。从经济发展的一般规律看，第三产业在整个国内生产总值中的比重越高意味着经济发达程度越高。所以，调整产业结构，大力发展第三产业，由主要依靠第二产业带动向依靠第一、二、三产业协同带动转变，应是我国产业结构调整的主要内容。

调整产业结构，要走新型工业化道路，以信息化带动工业化，以工业化促进信息化，通过工业化和信息化的并举，实现市场经济条件下资源配置的高效合理化，推动产业向科技含量高、经济效益好、资源消耗低、环境污染少、人力资源优势充分发挥的方向发展。

调整产业结构，要积极引导广大中小企业转向投资第三产业，支持发展商品流通行业、服务行业。信息行业等新兴产业，鼓励在农村和小城镇进行就地工业化，发展农产品加工业，调整产业结构的同时便利城乡居民生活。要认真实行有利于第三产业发展的政策措施，包括放宽服务业市场准入，促进和支持高技术服务业和文化产业发展，稳步发展传统服务业，积极拓展新型服务领域。同时，要强化需求导向，推动战略性新兴产业、先进制造业健康发展。

2. 调整投资结构

投资结构包括资金投向哪里，投资多少，它可以决定资源配置的格局。一般来说，投资结构的升级优化可以改善产业之间、区域之间、城乡之间的资源配置状况，推动产业、区域、城乡协调发展。

要进一步优化投资结构，就是要适应消费结构、产业结构升级的趋势，以市场为导向完善发展规划，综合运用财税、金融、产业、土地、外贸外资等政策，加大对鼓励发展领域的支持力度，加强对限制发展领域的准入制约。重点要做好以下五个方面的工作：一、促进服务业投资加快增长，围绕加快生活性和生产性服务业发展，加大政策支持；二、支持转型发展的投资项目，要增加这方面的投资，重点引导带动社会资金流入，发挥企业的积极性、创造性；三、优化城镇化投资建设格局，推动城镇空间布局合理均衡，优化城镇规模结构，促进大中小城市和小城镇协调发展，提升城镇建设水平和质量；四、严控高消耗高污染和产能过剩行业投资，推动企业兼并重组，加快淘汰落后产能；五、加强监管，把好重大工程项目质量关，提高政府和国有企业投资效益。

3. 调整国民经济需求结构

国民经济需求结构是指在总需求中投资需求、消费需求和出口需求的比例关系。调整国民经济需求结构,主要是要加快推动我国经济增长由主要依靠投资、出口拉动向依靠消费、投资和出口协同拉动转变。在过去较长时期内,我国保持了高投资率、高外贸依存度和较低的消费率。这种"双高一低"的格局曾在一定历史时期内对我国国民经济的发展起了重要作用。但持续的高投资、高出口而国内需求特别是消费需求相对较弱,既不利于国民经济的持续发展、人民生活的提高,也会导致外贸依存度过高。因此,在保持适度投资率和出口的同时,要完善促进消费和提高居民收入的各项政策,积极推动最终消费的增加,提高消费对经济发展的贡献,增强内生发展能力。

扩大内需是我国经济发展的长期战略方针和基本立足点。我国的小城镇和农村,是潜力巨大而广阔的市场。要进一步扩大内需,把增加居民消费特别是农民消费,作为扩大消费需求的重点。加大对农村基础设施以及水、电、气等公共设施的投入,不断拓宽农民消费领域,改善消费环境,提高居民的收入,缩小城乡收入差距,完善社会保障,扩大居民消费需求。

4. 调整区域结构

区域经济结构是指区域内部或区域之间的经济、技术、制度等组织联系和数量关系。区域结构不仅受自然资源条件、历史发展因素、生产力和科学技术的发展、社会需求结构的变化、社会生产关系和上层建筑方面等主、客观因素的影响,而且受国家的经济社会发展战略和生产力布局规划、区域分工、区际利益分配机制、区域生产要素市场发育程度和国家生产要素分配机制、国家的产业政策等国家宏观调控政策的影响。

调整区域结构，要实施区域发展总体战略，构筑区域经济优势互补、人与自然和谐相处的区域发展格局，逐步实现不同区域基本公共服务均等化。充分发挥不同地区比较优势，促进生产要素合理流动，深化区域合作，推进区域良性互动发展，逐步缩小区域发展差距。具体措施包括：推进新一轮西部大开发；全面振兴东北地区等老工业基地；大力促进中部地区崛起；积极支持东部地区率先发展；加大对革命老区、民族地区、边疆地区和贫困地区扶持力度。

5. 调整城乡结构

城乡结构是指城市和农村的关系。长期以来，我国城市经济以现代化工业生产为主，而农村经济基本上以小农经济为主；城市基础设施和公共服务优于农村，人均消费水平也高于农村。

调整城乡结构，要加快新型城镇化与城乡经济一体化发展，坚持城乡统筹协调发展战略，破除城乡二元结构，兼顾推进城市化和建设社会主义新农村，健全体制机制，形成以工促农、以城带乡、工农互惠、城乡一体的新型工农城乡关系，让广大农民平等参与现代化进程，共同分享现代化成果。

第三节　给经济发展装上新的发动机

一、加快建设创新型国家

汽车要靠发动机驱动，经济发展也要有发动机。过去我国经济发展更多靠投入劳动力、土地、资本，随着生产方式的转变，要逐步把创新作为经济发展的发动机。

创新是社会生产力解放和发展的重要标志，决定着一个国家、一个民族的发展进程。创新驱动发展战略就是以创新为动力，推动经济发展方式转变，实现经济全面协调可持续发展。创新驱动的主要特征是利用知识、科技、制度和管理创新要素对现有的资本、劳动力、物质资源等有形要素进行新组合，以创新的知识和技术改造物质资本、提高劳动者素质和科学管理，促进经济发展。创新型国家，是指将创新驱动作为国家战略，大幅度提高科技创新能力，从而形成强大的国家竞争优势。国家创新体系是指一个国家以政府为主导，充分发挥市场配置资源的基础性作用，所有创新主体、创新基础设施、创新资源、创新环境等创新要素有机联系、相互作用所构成的社会网络系统。

当前国家创新体系的五大建设重点：一是以企业为主体、产学研相结合的技术创新体系；二是科学研究与高等教育有机结合的知识创新体系；三是军民结合、寓军于民的国防科技创新体系；四是各具特色和优势的区域创新体系；五是社会化、网络化的科技中介服务体系。

党的十八大报告指出，要坚持走中国特色自主创新道路，以全球视野谋划和推动创新，提高原始创新、集成创新和引进消化吸收再创新能力，更加注重协同创新。鼓励团队合作和跨学科跨领域合作，突破固有的思维模式，将科技创新水平推上更高的台阶。

二、实施有利于国家创新体系建设的政策

1. 加大科技投入，实施激励企业技术创新的财税政策

科技进步对国家创新体系建设起到支撑和引领作用。要建立有效机制，强化企业在技术创新中的主体地位，调动科研人员积极性，使科技与产业紧密结合。充分发挥政府在投入中的引导作用，通过财政直接投入、税收优惠等多种财政投入方式，增强政府投入调动全社会科技资源配置的能力，鼓励企业增加研究开发投入，增强技术创新能力。逐步提高我国全社会研究开发投入占国内生产总值的比例，优化国家财政投入结构，主要用于支持市场机制不能有效解决的基础研究、前沿技术研究、社会公益研究、重大共性关键技术研究等公共科技活动，并引导企业和全社会的科技投入。引导和支持大型骨干企业开展竞争前的战略性关键技术和重大装备的研究开发，建立具有国际先进水平的技术创新平台；加大对科技型中小企业技术创新基金等的投入力度，鼓励中小企业自主创新。

2. 加强对引进技术的消化、吸收和再创新

鼓励自主创新、限制盲目重复引进。通过调整政府投资结构和重点，设立专项资金，用于支持引进技术的消化、吸收和再创新，支持重大技术装备研制和重大产业关键共性技术的研究开发。把国家重大建设工程作为提升自主创新能力的重要载体。对企业消化吸收再创新给予政策支持。

3. 实施促进自主创新的政府采购政策

对国内企业开发的具有自主知识产权的重要高新技术装备和产品，政府实施首购政策，支持企业采购国产高新技

术设备。加强预算控制，优先安排自主创新项目。财政性资金采购支出必须优先购买自主创新项目的产品。

4. 创造和保护知识产权，实施知识产权战略和技术标准战略

根据国家战略需求和产业发展要求，以形成自主知识产权为目标，产生一批对经济、社会和科技等发展具有重大意义的发明创造，推动企业成为知识产权创造和运用的主体。促进自主创新成果的知识产权化、商品化、产业化，引导企业采取知识产权转让、许可、质押等方式实现知识产权的市场价值。建立对企业并购、技术交易等重大经济活动知识产权特别审查机制，避免自主知识产权流失。防止滥用知识产权而对正常的市场竞争机制造成不正当的限制，阻碍科技创新和科技成果的推广应用。将知识产权管理纳入科技管理全过程，充分利用知识产权制度提高我国科技创新水平。

5. 实施促进创新创业的金融政策

要建立和完善创业风险投资机制，制定促进创业风险投资健康发展的法律法规及相关政策，积极推进创业板市场建设，鼓励有条件的高科技企业在国内主板和中小企业板上市，建立加速科技产业化的多层次资本市场体系，逐步建立技术产权交易市场。探索以政府财政资金为引导，政策性金融、商业性金融资金投入为主的方式，采取积极措施，促进更多资本进入创业风险投资市场。

6. 人才队伍建设

将人才资源作为科技创新最重要的战略资源，建设一支规模宏大、素质优良、结构合理、富有活力的创新型科技人才

队伍，确立科技人才国际竞争优势，推动自主创新国家战略核心目标的实施，为实现我国进入创新型国家行列和全面建设小康社会的目标提供科技人才支撑。加快培养造就一批具有世界前沿水平的高级专家。结合重大科研和建设项目、重点学科和科研基地以及国际学术交流与合作项目，加大学科带头人的培养力度，积极推进创新团队建设，注重发现和培养一批战略科学家、科技管理专家，培养造就一批中青年高级专家，进一步形成培养选拔高级专家的制度体系，推动大批优秀拔尖人才得以脱颖而出。

第四节　既要金山银山，也要绿水青山

一、一定要把环境建设好

要实现国民经济全面协调可持续发展，环境一定要建设好。

中国古代有讲究风水的习惯，什么是风水？简而言之，水就是喝的水，风就是空气的流动，古人实际用风水讲我们生存的自然环境。水和空气与我们的生活密切相关，几乎须臾不可离开。如果空气和水受到污染，给人们造成危害，那我们发展经济究竟是为了什么?!

但必须面对的是，我国环境形势十分严峻，发达国家上百年工业化过程中分阶段出现的环境问题，在我国已经集中出现，一些地区环境污染和生态恶化已经到了令人触目惊心的程度。世界经济发展的历史告诉我们，决不能走先污染后治理的老路，必须大力加强生态文明建设，构建资源节约型、

环境友好型社会。

建设资源节约型、环境友好型社会，就是要增强可持续发展能力，坚持既满足当代人的需求，又不对子孙后代的需求构成危害，走出一条生产发展、生活富裕、生态良好的文明发展道路。

二、要正视造成我国环境问题的主要原因

造成我国环境问题的主要原因，大致有以下四个方面：

第一，发展方式粗放。过去的发展方式，存在高污染、高排放、低产出的弊端。这种粗放的发展方式若不改变，环境污染就难以得到根本解决。

第二，目光短浅。个别区域、个别行业在经济发展中，重增长轻环保，重当前利益轻长远利益，重局部利益轻全局利益，以致不惜以牺牲环境来换取经济利益。

第三，监管缺位。虽然近年来环境法制建设得到加强，环境监管力度加大，但是环境保护中有法不依、执法不严、违法不究的现象时有发生，对环境违法睁一只眼闭一只眼，导致企业处罚力度不够，违法成本低。

第四，体制弊病。环境管理职能分散交叉，环境管理缺乏统筹协调，地方环保部门缺乏有效的垂直管理，不利于独立执法。同时，地区保护型污染转嫁导致跨界跨区域跨流域污染。

三、金山青山都得要

2013 年 5 月 24 日，习近平在中央政治局第六次集体学

习时曾经讲过“既要金山银山，也要保住绿水青山”，一语道明了要正确处理好经济发展同生态环境保护的关系。但如何落到实处呢？

一要牢固树立保护生态环境就是保护生产力、改善生态环境就是发展生产力的理念，更加自觉地推动绿色发展、循环发展、低碳发展，决不以牺牲环境为代价去换取一时的经济增长。一定要彻底转变观念，再不以 GDP 增长率论英雄。如果生态环境指标很差，一个地方一个部门的表面成绩再好看也不行。

二要从发展方式上找根源，加快调整经济结构，推动产业优化升级，切实改变资源消耗大、环境污染重的增长模式，全面控制污染物产生，以加快转变经济发展方式为主线，促进环境与经济的协调融合，降低经济发展对环境的破坏。

三要推进环境科技进步，靠先进技术解决环境问题。加快防治水、气、重金属污染及提高能源资源利用效率等重大环境科技研究，力争在共性技术、核心技术上取得突破。支持重点行业加快节能、节水、资源综合利用的技术改造，加大环保技术装备研发力度，提升国产化水平，不断降低治理成本。

四要发挥市场在资源配置中的决定作用，更好发挥政府的作用，建立健全资源生态环境管理制度，加快建立国土空间开发保护制度，强化水、大气、土壤等污染防治制度，完善环保体制机制。建立反映市场供求和资源稀缺程度、体现生态价值和代际补偿的资源有偿使用制度和生态补偿制度，健全生态环境保护责任追究制度和环境损害赔偿制度。健全和落实有利于节约能源资源的价格、财税、投资政策，落实环境保护责任制，严格执法并加大监管力度，提高违法违规成本。建立完善的环境税和总量控制制度，落实总量目标责任制，以减排项目为依托，大力推进结构减排、工程减排和管理减排。

五要完善经济社会发展考核评价体系，把资源消耗、环境损害、生态效益等体现生态文明建设状况的指标纳入经济社会发展评价体系，使之成为推进生态文明建设的重要导向和约束。要严格项目环评，从严控制高耗能、高污染、资源性项目，以及低水平重复建设和产能过剩建设项目。大力推进战略环评，加强流域、水利水电等领域的规划环评，促进区域重点产业与资源环境协调发展。

小康全面不全面，生态环境质量是关键。环境问题已经成为我们实现全面小康的短板。解决生态环境问题，贵在行动，成在坚持。所以我们要用水滴石穿、久久为功的毅力，紧密围绕改善环境质量的核心，加强生态文明建设，提高环境质量，让绿水青山充分发挥经济社会效益，切实做到经济效益、社会效益、生态效益同步提升，实现百姓富、生态美的有机统一。

六要倡导资源节约型、环境友好型社会的良好氛围，坚持资源的开发与节约并重，抑制不合理消费，使文明、节约、绿色、低碳的消费和环保理念成为全体人民的自觉行动，推行政府绿色采购，营造爱护生态环境的良好风气。

深阅读

1. 苗雨:《优化产业结构是加快转变经济发展方式的重点》,《十八大报告辅导读本》,人民出版社 2012 年版。

2. 陈锡文:《推动城乡发展一体化》,《十八大报告辅导读本》,人民出版社 2012 年版。

第十章　让社会主义市场经济带给人民更多的福祉

凡做事都有目的，发展社会主义市场经济，完善社会主义市场经济体制，究竟是为了什么，根本目的是什么？

第一节　发展社会主义市场经济的根本目的是为了人民

一、一切为了提高人民物质文化生活水平

习近平就任党的总书记一开始，就说了一句令全世界刮目的话，他说："人民对美好生活的向往，就是我们的奋斗目标。"习近平的话使人们眼前一亮，网友们纷纷点赞，中国共产党为人民谋幸福的优良传统没有丢！

共产党为什么领导全国人民搞社会主义市场经济？其根本目的是提高人民物质文化生活水平，使人民过上好日子。如果搞社会主义市场经济越搞越穷，那么人民百姓为什么要跟定共产党走呢！

社会主义市场经济是在社会主义制度下的市场经济。社会主义经济制度与以往一切以私有制为基础的社会经济制度的根本区别就在于，它要消灭剥削和消除两极分化，最终实现共同富裕。邓小平早就说过："社会主义的本质，是解

放生产力，发展生产力，消灭剥削，消除两极分化，最终达到共同富裕。”发展社会主义市场经济应该始终把握和体现社会主义本质，而不能偏离更不能抛弃社会主义本质。

实事求是地说，发展社会主义市场经济带给人民的好处是有目共睹的。根据国家统计局公布的数字，改革开放以来的35年，随着社会主义市场经济的发展，人民生活大为改善，实现了从温饱不足到总体小康并向全面小康迈进的历史性跨越，是我国历史上人民群众得到实惠最多、生活水平提高最快的35年，是城乡居民生活实现由温饱不足到总体小康并向全面小康迈进的35年，也是社会保障事业从低层次到制度建立再到全面推进的35年。

同时也实事求是地说，在发展社会主义市场经济过程中，也出现了一些亟待解决的问题。例如，就业问题、物价在某些年份上涨过快的问题、收入分配差距过大的问题，等等。这些问题的出现和存在，甚至长时间得不到有效解决，有些是发展中难以避免的，有些与工作失误和腐败作风有关，大部分则是因为社会主义市场经济不够完善所致。

一把钥匙开一把锁。对于存在的问题要实事求是地分析，属于发展中难免出现的问题，要转变发展方式，通过国民经济健康发展去解决；属于工作失误和腐败造成的问题，要坚持依法治国，惩治腐败，追究责任，转变作风，努力改进；属于社会主义市场经济不够完善带来的问题，则要深化改革，攻坚克难，加快完善社会主义市场经济体制，积极推进国家治理体系和治理能力现代化。但无论怎样解决都要坚持一个宗旨：一切为了人民，把提高人民物质文化生活水平放在重要地位。

二、多谋民生之利

既然发展社会主义市场经济的根本目的是提高人民物质文化生活水平，使人民过上好日子，那么就应该始终坚持以人为本，改革发展成果由人民共享，着力改善民生。

着力改善民生，就要多谋民生之利，多解民生之忧，解决好人民最关心最直接最现实的利益问题，在学有所教、劳有所得、病有所医、老有所养、住有所居上持续取得新进展，努力让人民过上更好生活。

学有所教，就是要坚持教育优先发展，努力办好人民满意的教育。办好学前教育，均衡发展九年义务教育，基本普及高中阶段教育，加快发展现代职业教育，推动高等教育内涵式发展，积极发展继续教育，完善终身教育体系，建设学习型社会。大力促进教育公平，合理配置教育资源，重点向农村、边远、贫困、民族地区倾斜，支持特殊教育，提高家庭经济困难学生资助水平，积极推动农民工子女平等接受教育，让每个孩子都能成为有用之才。

劳有所得，就是要努力实现有劳动能力的人有事干，各尽所能，多劳多得，少劳少得。要深化收入分配机制改革，提高劳动收入在国民收入初次分配中的比重，消费在国民收入再分配中的比重，采取综合措施，缩小收入分配中差距过大的问题。

病有所医，就是要坚持为人民健康服务的方向，深化医疗卫生医药体制综合改革，完善国民健康政策，为群众提供安全有效方便价廉的公共卫生和基本医疗服务。健全全民医保体系，建立重特大疾病保障和救助机制，完善突发公共卫生事件应急和重大疾病防控机制。巩固基本药物制度。健全农村三级医疗卫生服务网络和城市社区卫生服务体系,深化公立医院改革,鼓励社会办医。提高医疗卫生队伍服务能力,加强医德医风建设。改革和完善食品药品安全监管体制机制。开展爱国卫生运动,促进人民身心健康。

老有所养,就是要统筹推进城乡社会保障体系建设。全面建成覆盖城乡居民的社会保障体系。改革和完善企业和机关事业单位社会保险制度,整合城乡居民基本养老保险和基本医疗保险制度,逐步做实养老保险个人账户,实现基础养老金全国统筹。完善社会救助体系,健全社会福利制度,支持发展慈善事业,做好优抚安置工作。坚持男女平等基本国策,保障妇女儿童合法权益。积极应对人口老龄化,大力发展老龄服务事业和产业。健全残疾人社会保障和服务体系,切实保障残疾人权益。健全社会保障经办管理体制,建立更加便民快捷的服务体系。

住有所居,就是要建立市场配置和政府保障相结合的住房制度,加强保障性住房建设和管理,满足困难家庭基本需求。

第二节 让大家有事可做

一、就业是民生之本

发展社会主义市场经济一个很重要的工作是要促进充分就业。所谓就业,就是在劳动年龄范围内又具有劳动能力的人，愿意工作而又有工作可做，简单说就是有事可做。反过来说，在劳动年龄范围内又具有劳动能力的人，愿意工作但找不到工作，就称为失业。报纸和电视中经常有一个说法叫失业率，失业率是失业人数占全部劳动力的比率，它衡量经济中失业和就业的状况。

就业对个人、家庭和国家至关重要。对个人和家庭而言，就业可以保证有工资收入，可以保证和提高生活水平；失业则使收入大幅减少甚至没有，生活改善成为无米之炊。对国家而言，充分就业是经济发展繁荣的保证，严重的失业会影响经济发展，甚至会危及整个社会的稳定。

就业问题是世界性的难题，在我国尤为突出。我国有13亿人口，要做到充分就业人人有事做，难度很大。但我们一直为此而努力，而且取得了成效。1978—2012年，我国就业人员从40152万人增加到76704万人，年均增加1075万人。与此同时，大量农村富余劳动力向非农产业有序转移，2012年，我国农民工数量达到2.6亿人。

尽管这样，就业形势依然非常严峻，劳动力供大于求的压力将长期存在。据预测，我国城镇平均每年需就业劳动力约为2500万人，有1亿多农村富余劳动力，每年需转移就业约800—900万人，新增就业矛盾突出，最近一些年每年大学毕业生有700万人左右，但就业岗位每年大约只有1000多个，缺口很大。

导致我国就业问题突出的原因，有人口多的一方面，另一方面是体制。体制方面主要问题有：一是就业市场不发达，渠道不畅。目前我国人力资源市场还不发达，中介组织不规范，信息渠道不通畅，有人无事干、有事没人干的现象同时存在。二是体制、政策不合理。户籍、社保等方面的体制需要进一步改革，一些政策不利于劳动力的合理流动，造成部分劳动者难以就业。

高校应届毕业生求职场面

二、千方百计增加就业

就业问题如此突出和重要，所以党的十八届三中全会关于全面深化改革若干重大问题的决定明确指出："建立经济发展和扩大就业的联动机制，健全政府促进就业责任制度。"这就要求我国各级政府要把促进就业作为改善民生的基本要求，采取切实可行的措施，让更多的人实现就业，以促进人民生活水平的提高和社会的和谐稳定。

一要保持国民经济的健康发展，大力发展有利于就业的产业和经济形式。扩大就业的最根本途径是发展经济。就目前的情况看，国民经济速度每增长1%，就可以多使100

多万人就业。因此，我国经济进入新常态后，在全面协调持续发展的基础上，保持合理的增长速度对于就业而言是十分必要和重要的。要大力发展第三产业和中小企业。一般地说，相对于国有大企业和第一第二产业，第三产业和中小企业对就业的流动更快更多一些，所以要大力发展第三产业和中小企业，更多更大地发挥它们在增加就业方面的潜力和作用。

二要进一步深化劳动就业体制改革，实施就业优先战略和积极的就业政策。把扩大就业放在经济社会发展更加突出的位置，改革阻碍劳动力合理流动的体制机制。健全人力资源市场，完善就业服务体系。健全劳动标准体系和劳动关系协调机制，加强劳动保障监察和争议调解仲裁，构建和谐劳动关系。实施就业优先战略和更加积极的就业政策，努力改善创业和就业环境。坚持劳动者自主择业、市场调节就业和政府促进就业的方针。

三要加强职业技能培训，提升劳动者就业创业能力。扩大和完善职业教育体系，抓好高校毕业生就业工作。扩大和完善职业教育，对新增劳动力进行技能培训，提升劳动者就业创业能力，增强就业稳定性。对原有劳动力进行提高技能或转换职业的培训，是解决我国目前结构性失业问题的重要途径。对就业困难毕业生进行帮扶，增强学生就业创业和职业转换能力。

四要鼓励多渠道多形式就业，促进创业带动就业。我国有事无人干的现象几乎比比皆是，就业岗位就在身边。大众创业，万众创新，自己动手，丰衣足食。

第三节　保持物价基本稳定

一、物价连着你我他

物价就是商品的价格。我们日常生活中接触的是不同的单个商品的价格，例如大葱 1.3 元一斤、面粉 4 元一斤等等。为了管理经济，国家不仅关注不同种类商品价格的变动，更关注物价总水平的变动。物价总水平即各种不同类商品的平均价格，它的变动通常用居民消费品价格指数和工业品出厂价格指数表示。居民消费品价格指数，英文缩写为 CPI，反映一定时期居民所消费商品及服务项目的价格水平变动趋势和程度，我国统计的商品和服务项目，包括食品、烟酒及用品、衣着、家庭设备用品及服务、医疗保健及个人用品、交通和通信、娱乐教育文化用品及服务、居住 8 个大类。工业品出厂价格指数，英文缩写为 PPI。民众作为消费者日常更关注的是居民消费品价格指数。

物价既反映国民经济的总体运行状态，又直接影响百姓的衣食住行，是民众感受的经济的“温度计”。

价格是一把双刃剑。同一个价格变动，有人欢喜有人忧。作为生产者或称商品供给者，如果成本不变，物价上升意味盈利增多；作为消费者或叫商品需求者，物价上升意味买同样的东西要花更多的钱，如果收入不增加，意味同样多的工资收入买的东西要减少，生活水平要下降。正因为如此，人们十分关心物价。可以说，物价稳，人心才稳、社会才稳；物价问题不仅是经济问题，而且是影响全局的政治问题、社会问题。

近年来，随着我国经济快速发展，资源消费需求持续增加，各类资源性产品价格不断升高，并引起劳动力、土地等价格相应上涨，而这些生产要素是计入生产成本的，其价格上涨也最终体现到了商品价格中。这种价格上涨会加剧生产发展的不平衡性，一方面物价过高使产品生产成本过高不能盈利，且使生产部门的利润下降，造成稀有资源和财富转到非生产领域，导致资源的浪费；另一方面，各生产部门物价上涨幅度具有地区性差异及种类性差异，原有商路及流通秩序会遭到破坏。

二、抑制通货膨胀

物价的上下波动是价值规律发挥作用的形式，如果这种波动不大，保持在正常的范围，则有利于市场调节作用的发挥，但如果这种波动过大，超出了正常的范围，则会给经济发展造成危害。

物价波动过大有两种情况：一种情况是通货膨胀，表现为物价总水平持续地上涨过快，货币贬值，经济增长速度过快，投资消费增长过快，经济过热；一种情况是通货紧缩，表现为物价总水平持续地下降太快，经济增长速度过慢，投资消费增长过慢，经济不景气。这两种情况对经济和人民生活都会带来不利影响，所以是要努力避免的。

在我国经济进行经济体制改革发展社会主义市场经济进程中，这两种情况都曾有过，例如1988—1999年发生通货膨胀，物价年最高上涨24％，1997—2002年发生通货紧缩，但比较多见影响更大的是通货膨胀。

造成通货膨胀的主要原因：一是商品供给不足，使供求不平衡，导致物价上涨过快。二是粗放型经济发展方式引发投资冲动，使投资品的价格上涨过快，企业成本上升，推动物价总水平上涨过快。三是消费增长快于劳动生产率增长，使需求膨胀，拉动物价总水平上涨过快。四是流通秩序不规范，造成乱涨价。以上这些原因，往往都伴有货币发行过多，使流通中的货币数量超过了实际需要的货币量。

通货膨胀的危害是明显的，它会造成货币贬值，钱不值钱，在收入一定的情况下，使百姓实际生活水平下降，压力过大，心里不安，甚至会引发恐慌。所以一定要防止通货膨胀的发生。一旦发生，要采取有力措施予以治理。

预防和治理通货膨胀的措施有：

一是控制总需求。包括控制投资和消费，使它们的增长率保持合理。在通货膨胀时，适当减少投资，通过合理引导消费，促进高收入者的消费向长期消费转化。同时，要适时采取必要措施，引导人们对物价上涨的心理预期，避免抢购的发生。

二是增加有效供给。通货膨胀时，市场处于求大于供的状态，所以抑制通货膨胀，在控制需求的同时要采取措施增加有效供给。如积极进行产业结构的调整，推进产业结构高度化进程，增加有效供给；努力发展农业生产，增加农产品供给能力等等。

三是加强市场监管，规范流通秩序。如惩治垄断、投机炒作和价格欺诈行为；推进价格信息透明化，防范不实的涨价信息；强化政府定价商品的价格监管等等。

全国统一价格举报电话海报

四是控制货币发行量，采取提高储备金率、基准利率等措施回笼货币。

第四节 缩小收入分配差距

一、收入分配差距过大非治不可

不论什么社会都要对劳动产品进行分配。在人类社会进程中,有两种主要的个人收入分配制度:按劳分配和按资分配。西方资本主义国家实行的是按资分配即按资本分配制度,我国在现在的社会主义初级阶段实行的是按劳分配为主体、多种分配方式并存的分配制度。

在社会主义初级阶段,由于个人能力的差异和体制转变等原因,收入差距是客观存在的。如果这种差距是在法律允许、社会又能够承受的范围内,则有利于调动各方面积极性,有利于促进经济社会和谐发展和人民生活改善;如果这种差距不合理、不合法、超出社会和人民能够承受的范围,则会给人民生活水平提高和社会和谐造成危害。

不合理、不合法、不适度的收入差距有两种主要表现:一种是平均主义,另一种是收入差距过大。我国在改革开放前,收入差距的不合理主要表现为存在平均主义分配的问题。平均主义分配的最大弊端是挫伤劳动者的积极性,束缚经济发展。改革开放后平均主义分配的格局逐渐被打破,与此同时,随着经济的持续增长和国家经济实力的增强,城乡居民的收入水平有较大提高,收入差距在逐渐扩大,收入分配中的矛盾较多,处理好社会利益关系的难度加大,以至成为当前急需解决的重要经济和社会问题之一。

国家统计局数据显示,衡量国内居民收入分配差距的基尼系数，连续多年在 0.4 以上，2013 年为 0.473。按照国际标准，基尼系数 0.4 以上就表明该国的收入分配还存在很大改进余地。普通劳动者收入长期偏低；城乡居民收入差距扩大趋势没有根本扭转，2013 年城乡居民收入差距仍达3.03倍；垄断行业收入明显偏高，行业间收入差距仍然较大；“灰色收入”、“隐性收入”甚至非法收入大量存在。

小知识

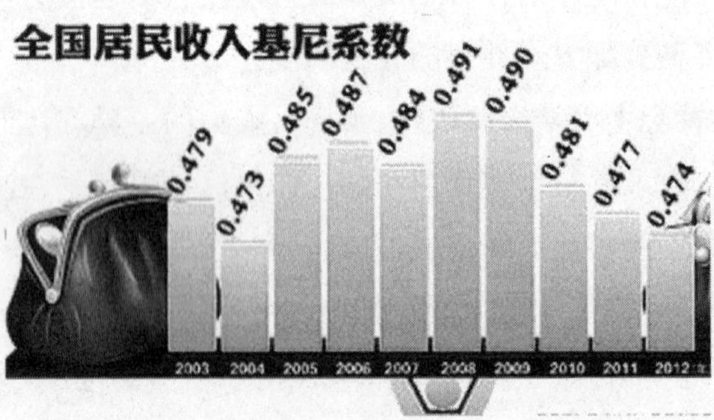

基尼系数：国际上用来综合考察居民内部收入分配差异状况的一个重要分析指标。它是一个比值，数值在 0 和 1 之间。基尼指数的数值越低，表明财富在社会成员之间的分配越均匀。国际上一般把 0.4 作为收入分配差距的警戒线，超过则因为收入差距过大。

中央电视台《CCTV2012—2013 年经济生活大调查》中资料显示：“提高收入”(55.77%)是民生问题之首，收入问题连续五年都位居百姓家庭首要问题。人民网发布的 2013、2014 年两会热点调查显示(图 1、图 2)：收入分配一直是人们关注的热点话题，对它的关注度分别位居第二位（2013 年）、第四位（2014 年）。

图 1　2013 年两会热点调查

图 2　2014 年两会热点调查

造成收入差距不合理的主要原因:一是对生产要素占有差别过分悬殊。由于部分社会成员占有较多资本和土地等要素,而资本和土地等要素的报酬具有累积效应,一旦拥有资本和土地后,就会因为拥有而获取更多的收入,再由收入转为资本或土地,由此会导致收入差距不断扩大甚至差距悬殊。二是分配机制不完善。包括国民收入分配中居民收入比重偏低、初次分配中劳动报酬比重偏低、生产要素参与分配的机制不够健全、工资制度不够合理等等。三是分配秩序不够规范,收入调节力度不够等等。

收入分配关系人民的"钱袋子",紧连人民的"好日子",持续多年的收入差距过大,已经使人们感到分配不公,产生了一些社会问题,如果不尽快扭转,则有可能使改革的成果大打折扣,严重影响党和国家在人民群众中的形象。社会上出现"端起碗吃肉,放下碗骂娘"的现象,在某种程度上既反映了改革取得的成果,也反映了人们对分配不公的不满。收入差距不合理会挫伤劳动者的积极性,制约效率的提高,影响共同富裕目标的实现,甚至会导致社会不稳定,为此,应采取有效措施加以解决。

二、采取有效措施缩小收入分配差距

缩小收入分配的主要措施有:

一是深化收入分配制度改革,完善按劳分配为主体、多种分配方式并存的分配制度。完善劳动、资本、技术、管理等要素按贡献参与分配的初次分配机制,深化企业和机关事业单位工资制度改革,推行企业工资集体协商制度,多渠道增加居民财产性收入。实现发展成果由人民共享，努力实现居民收入增长和经济发展同步、劳动报酬增长和劳动生产率提高同步，提高居民收入在国民收入分配中的比重，提高劳动报酬在初次分配中的比重。

二是健全市场分配机制，发挥市场机制对分配的基础性调节作用。初次分配和再分配都要兼顾效率和公平，再分配更加注重公平。建立、完善生产要素市场及其运行机制，特别要建立、健全和完善由市场供求机制、竞争机制决定形成的价格机制，使价格真正成为调节收入分配的指示器。通过企业改革，塑造合格的市场主体，以防止由于企业行为的扭曲而导致价格和分配的混乱和差距的过大。

三是加强法制建设和政府调控。规范收入分配秩序，保护劳动所得和合法收入，增加低收入者收入，调节过高收入，取缔非法收入。加快健全以税收、社会保障、转移支付为主要手段的再分配调节机制。

这些措施大部分正在实施，有的已经初步收效，但总体看收入分配差距过大的问题没有根本解决，需要继续深化改革，加大政策力度，力争尽快收到成效。

小知识

初次分配:是按照各生产要素对国民收入贡献的大小进行的分配,主要由市场机制形成。

再分配:是指在初次分配的基础上,把国民收入中的一部分拿出来通过税收和社会保险系统进行重新分配,主要由政府调控机制起作用。

第三次分配:是指动员社会力量,建立社会救助、民间捐赠、慈善事业、志愿者行动等多种形式的制度和机制,是社会互助对于政府调控的补充。

深阅读

1. 尹蔚民:《推动实现更高质量的就业　全面建成覆盖城乡居民的社会保障体系》,《十八大报告辅导读本》,人民出版社2012年版。

2. 谢伏瞻:《千方百计增加居民收入》,《十八大报告辅导读本》,人民出版社2012年版。

教育部哲学社会科学研究普及读物书目

（有*者为已出书目）

2012 年度

《马克思主义大众化解析》 陈占安

*《马克思告诉了我们什么》 陈锡喜

《为什么我们还需要马克思主义——回答关于马克思主义的10个疑问》 陈学明

《党的建设科学化》 丁俊萍

《〈实践论〉浅释》 陶德麟

《大学生理论热点面对面》 韩振峰

*《大学生诚信读本》 黄蓉生

《改变世界的哲学——历史唯物主义新释》 王南湜

《哲学与人生——哲学就在你身边》 杨耕

*《人的精神家园》 孙正聿

*《社会主义现代化读本》 洪银兴

《中国特色社会主义简明读本》 秦宣

《中国工业化历程简明读本》 温铁军

《中国经济还能再来30年快速增长吗》 黄泰岩

《如何读懂中国经济指标》 殷德生

*《经济低碳化》 厉以宁 傅帅雄 尹俊

《图解中国市场》 马龙龙

*《文化产业精要读本》 蔡尚伟 车南林

*《税收那些事儿》 谷成

*《汇率原理与人民币汇率读本》 姜波克

*《辉煌的中华法制文明》 张晋藩 陈煜

*《读懂刑事诉讼法》 陈光中

*《数说经济与社会》 袁卫

*《品味社会学》 郑杭生

*《法律经济学趣谈》 史晋川

《知识产权通识读本》 吴汉东

《文化中国》 杨海文
*《中国优秀礼仪文化》 李荣建
*《中国管理智慧》 苏勇
*《社交网络时代的舆情管理》 喻国明 李彪
*《中国外交十难题》 王逸舟
《中华优秀传统文化核心理念故事新编》 张岂之
*《敦煌文化》 项楚
*《秘境探古——西藏文物考古新发现之旅》 霍巍
《民族精神——文化的基因和民族的灵魂》 欧阳康
《共和国文学的经典记忆》 张文东
《中国传统政治文化讲录》 徐大同
*《诗意人生》 莫砺锋
《当代中国文化诊断》 俞吾金
*《汉字史画》 谢思全
*《“四大奇书”话题》 陈洪
*《生活中的生态文明》 张劲松
《什么是科学》 吴国盛
*《中国强——我们随手可做的100件小事》 王会
*《我们的家园:环境美学谈》 陈望衡
《谈谈审美活动》 童庆炳
《快乐阅读》 沈德立
《让学习伴随终身》 郝克明
《与青少年谈幸福成长》 韩震
*《教育与人生》 顾明远
*《师魂——教师大计师德为本》 林崇德
《现代终身教育理论与中国教育发展》 潘懋元
*《 我们离教育强国有多远》 袁振国
《通俗教育经济学》 范先佐
《任重道远:中国高等教育发展之路》 李元元

2013年度
《中国国情读本》 胡鞍钢
《法律解释学读本》 王利明
《中国特色社会主义经济学纵横谈》 顾海良
*《走向社会主义市场经济》 逄锦聚 何自力
《走中国自己的政治发展道路》 梅荣政
《什么是科学的经济发展——基本理论与中国经验》 谭崇台

*《“中国腾飞”探源》 洪远朋等

*《社会主义核心价值观的“内省”与“外化”》 黄进

《什么是马克思主义，怎样对待马克思主义——马克思主义观纵横谈》 高奇

《中国特色社会主义“五位一体”总布局研究》 郭建宁

《国际社会保障全景图》 丛树海

《社会保障理论与政策解析》 郑功成

《从封建到现代——五百年西方政治形态变迁》 钱乘旦

《GDP 的科学性和实际价值在哪里》 赵彦云

《社会学通识教育读本》 李强

《传情和达意——语言怎样表达意义》 沈阳

《生活质量研究读本》 周长城

《做幸福的进取者》 黄希庭

《外国文学经典中的人生智慧》 刘建军

《什么样的教育能让人民满意》 石中英

《正说科举》 刘海峰

2014 年度

《“中国梦”的民族特点和世界意义》 孙利天

《“中国梦”与软实力》 骆郁廷

《走进世纪伟人毛泽东的哲学王国》 周向军

《社会主义核心价值观与我们的生活》 吴向东

《中国反腐败新观察》 赵秉志

《中国居民消费——阐释、现实、展望》 王裕国

《从公司治理到国家治理》 李维安

《“阿拉伯革命”的热点追踪》 朱威烈

《中国制造的全球布局》 刘元春

《从小康走向富裕》 黄卫平

《中国人口老龄化与老龄问题》 杜鹏

《重塑中国经济版图：区域发展战略与区域协同发展》 周立群

《钓鱼岛归属真相——谎言揭秘（以证据链的图为主）》 刘江永

《走入诚信社会》 阎孟伟

*《美国霸权版“中国威胁”谰言的前世与今生》 陈安

《如何认识藏族及其文化》 石硕

《中国故事的文化软实力》 王一川

《文化遗产的古与今》 高策

《课堂的革命》 钟启泉

《大学的常识》 邬大光

《识字与写字》 王宁